KNUT DIERS

Harz,
aber herzlich

LIEBLINGSPLÄTZE
zum Entdecken

KNUT DIERS

Harz, *aber herzlich*

WILDNIS, WEITSICHT, WELTKULTUR

KULTUR

GMEINER

Alle Bilder im Band stammen vom Autor – mit diesen Ausnahmen:

Günter Jentsch/HöhlenErlebnisZentrum (20), Kathrin Baltzer (88), Stiftung Luthergedenkstätten in Sachsen-Anhalt, Foto: Anne Hasselbach (101), Karin Thom / Rosenstadt Sangerhausen GmbH (104), Marc Gilsdorf Fotografie (142), Atelier Land Art, W. Buntrock und F. Nordiek, www.landart.de (148), Günter Jentsch / ZisterzienserMuseum Kloster Walkenried (150), Michael Damm (156), Frank Raimer (164)

Autor und Verlag haben alle Informationen geprüft. Gleichwohl wissen wir, dass sich Gegebenheiten im Verlauf der Zeit ändern, daher erfolgen alle Angaben ohne Gewähr. Sollten Sie Feedback haben, bitte schreiben Sie uns! Über Ihre Rückmeldung zum Buch freuen sich Autor und Verlag:
lieblingsplaetze@gmeiner-verlag.de

Besuchen Sie uns im Internet:
www.gmeiner-verlag.de

© 2016 – Gmeiner-Verlag GmbH
Im Ehnried 5, 88605 Meßkirch
Telefon 0 75 75 / 20 95-0
info@gmeiner-verlag.de
Alle Rechte vorbehalten
1. Auflage 2016

Lektorat/Korrektorat: Claudia Reinert
Satz: Mirjam Hecht
Bildbearbeitung: Benjamin Arnold
Umschlaggestaltung: Alexander Somogyi
unter Verwendung eines Fotos von: © sduben – fotolia.com
Kartendesign: Mirjam Hecht; © The World of Maps (123vectormaps.com)
Druck: AZ Druck und Datentechnik GmbH, Kempten
Printed in Germany
ISBN 978-3-8392-1874-7

Ankommen und Eintauchen ///
Von »typisch Harz« bis untypisch Harz 10

1 Buschs Lieblinge überarbeitet ///
  Seesen – Max und Moritz 15
2 Lausche dem frühen Vogel! /// *Seesen – Steinway-Park* 17
3 Zeitlos schön /// *Bad Grund – Uhrenmuseum* 19
4 Auge in Auge mit der ältesten Großfamilie der Welt ///
  Bad Grund – HöhlenErlebnisZentrum 21
  Wie die Harzer so sind /// *Raues Gebirge – findige Köpfe* .. 22
5 Am liebsten zum Indian Summer ///
  Bad Grund – Weltwald 25
6 Grünes Blätterdach und Schneebälle im Sommer ///
  Bad Grund – Ibergen Albertturm 27
7 Das umgedrehte Schiff ///
  Goslar-Hahnenklee – Gustav-Adolf-Stabkirche 29
8 Die Schöpfungskraft war enorm /// *Goslar-Hahnenklee –
  Striegelhaus und Oberharzer Wasserregal* 31
9 Mist, gerade geblitzt worden! ///
  Goslar-Hahnenklee – Bocksbergbob 33
10 Vom Satelliten bis zur letzten Königin Hannovers ///
  Clausthal-Zellerfeld – Geosammlung 35
11 »Ich bin frei wie ein Vogel« ///
  Clausthal-Zellerfeld – TU-Hauptgebäude 37
12 Wenn die Schafe Lichtbögen tragen ///
  Clausthal-Zellerfeld – In den Abtshöfen 39
13 Volle Schaufeltaschen bringen alles in Bewegung ///
  Goslar – Weltkulturerbe Rammelsberg 41
14 Von wegen Zugspitze! ///
  Goslar – Blick vom Turm der Marktkirche 45
15 Im Innern des Kaiserrings ///
  Goslar – Mönchehaus Museum 47
16 Mord in schönster Landschaft ///
  Altenau-Schulenberg – Okersee-Schifffahrt 49

17	Aus dem kurzen Leben der weißen Morgenwolke /// *Altenau-Schulenberg im Oberharz – Ravensklippen*	51
18	Der Traum der rot-weißen Pagode /// *Altenau – Kräuterpark*	53
19	Das Nass kitzelt den Froschkönig /// *Okertal – Romkerhaller Wasserfall*	55
20	Links ein Teufelchen, rechts ein Elefant /// *Okertal – Marienwand als Teil der Harzklippen*	57
21	Kopf hoch zu heiteren Bildern /// *Bad Harzburg – Bahnhof*	59
22	Das setzt dem Harz die Krone auf /// *Bad Harzburg – Baumwipfelpfad*	61
23	Einblicke ins Familienleben /// *Bad Harzburg – Luchsgehege*	63
24	Wo steckt denn jetzt Obelix? /// *Torfhaus – Steinkugel am Nationalpark-Besucherzentrum*	65
25	In 30 Schritten um die Welt /// *Brocken – Brockengarten*	69
	Walpurgisnacht, Teufelszeug und Brockengespenst /// *Wie verhext – von Sagen und Mythen*	72
26	Gelassenheit tanken /// *Ilsenburg – Forellenteich*	75
27	Famoser Blick – schon seit Otto /// *Hasserode – Steinerne Renne*	77
28	Von Äbtissinnen und Ärztinnen /// *Drübeck – Kloster*	79
29	Fauch, stöhn, seufz, zisch … /// *Wernigerode – Harzquerbahn*	81
30	Friedlich vereint /// *Wernigerode – Luftfahrtmuseum*	83
31	Hier beginnt der Gassenbummel /// *Wernigerode – Westerntor*	85
32	Was ist klein, was groß? /// *Wernigerode – Miniaturpark*	87
33	Von wegen Schach matt – Schach lebendig! /// *Schachdorf Ströbeck*	89

34	Des Ritters Last /// *Blankenburg – Regenstein*	91
35	2.000 Kleinode aus Holz und Stein /// *Quedlinburg – Kaufmannshof*	93
36	Durch die Hinterhöfe, über den Marktplatz /// *Quedlinburg – Weihnachtsmarkt*	95
37	Wenig los für diese Tragweite /// *Lutherstadt Eisleben –* *Taufbecken und Geburtshaus Martin Luthers*	99
38	»Nimm mein Seelchen zu dir!« /// *Lutherstadt Eisleben – Marktplatz*	103
39	Als Madame de Féligonde ihren verwundeten Mann rettete /// *Sangerhausen – Europa-Rosarium*	105
40	Zündende Köpfe /// *Quedlinburg-Gernrode – Waldweg*	107
41	»Für dich, Hans, immer noch ›die alte Sau‹!« /// *Thale – DDR Museum*	109
42	Neckisch hütet er den glühenden Schatz /// *Thale – Mythenweg*	111
43	Hier ist der Teufel los /// *Thale – Hexentanzplatz und Bodetal*	113
44	Freibier gibt's morgen /// *Thale-Wendefurth – Seeterrasse*	115
45	50 Sekunden Glück am Drahtseil /// *Rappbodestausee – Megazipline*	117
46	Ganz langsam in den Abgrund /// *Wendefurth – Wallrunning*	119
47	Es geht immer nur um Kohle – »Gut Brand!« /// *Hasselfelde – Harzköhlerei Stemberghaus*	121
48	Zwischen Tropfstein und Grottenolm /// *Rübeland – Baumanns- und Hermannshöhle*	123
49	Wo Hugo Leichtsinnig starb /// *Hasselfelde – Pullman City*	125
50	Ein Korn trotzt allen Wechselfällen des Lebens /// *Nordhausen – Traditionsbrennerei*	127

51	Dankbar, dass das vorbei ist /// *Nordhausen – Mittelbau-Dora*	129
52	Am Tag, als die Signalfichte fiel /// *Drei Annen-Hohne*	131
53	Mit Sorge vereint, von Goethe verewigt /// *Elend – kleinste Holzkirche Deutschlands*	133
54	Umschlagplatz für grenzwertige Geschichten /// *Braunlage-Hohegeiß – Grenzimbiss*	137
	Das Grüne Band als Sinfonie /// *Am Todesstreifen blühendes Leben*	138
55	Grenze war gestern /// *Braunlage – Kleine Bremke*	141
56	Lachen und bremsen, der Kick für den Alltag /// *Braunlage – Wurmberg*	143
57	Weiße Blöße statt Nacktrodeln /// *Braunlage – Hasselkopf*	145
58	Links Ull, rechts Skadi – und dazu Kaiserwetter /// *Braunlage – Kaiserweg*	147
59	Letzte Fragen mit genüsslichem Schauder /// *Braunlage – Erlebnispfad Mythos Natur*	149
60	Kreuzgang mit Musik /// *Walkenried – Kloster und ZisterzienserMuseum*	151
61	Himmlisch – da geht eine Nonne! /// *Walkenried – Kleine Mönchsrunde*	153
62	Orchideen und Fledermäuse warten schon /// *Neuhof – Karstwanderweg*	155
63	Die Eule mit dem schelmischen Lächeln /// *Wieda – Holzkunst mit der Motorsäge*	157
64	500-mal schneller Seitschritt /// *Sankt Andreasberg – Grube Samson*	159
65	»Rururu«, »lülülü« und »dududu« /// *Sankt Andreasberg – Harzer Roller-Kanarien-Museum*	161
66	Alles andere als Lang-Lauf /// *Sankt Andreasberg – Skigebiet Matthias-Schmidt-Berg*	163

67	Warten auf Godot, den Platzhirsch /// *Bruchberg im Nationalpark*	165
68	Ein Vierzehnender war gerade zu Gast /// *Bad Lauterberg – Bismarckturm*	167
69	Da haben wir den Salat /// *Bad Lauterberg – Wildkräuterküche*	169
70	Wenn sich der Ausblick essen ließe ... /// *Bad Lauterberg – Hausberg*	171
71	Auch die »Maus« war mal zu Gast /// *Bockelnhagen – Wachturm*	173
72	Kurze Röcke, warmer Schal /// *Weißenborn-Lüderode – Hauptstraße bei Karneval*	175
73	Einfach ursprünglich /// *Sieber – Siebertal*	177
74	Symbol für das Gute – gibt es das wirklich? /// *Herzberg – Einhornhöhle*	179
75	Hecht und Barsch – wo seid ihr? /// *Osterode – Angeln mit dem Könner*	181
76	Im Rhythmus der Schritte, im Takt der Natur /// *Buntenbock – Bärenbrucher Teich*	183
77	Die Mutter Europas lebte im Südharz /// *Herzberg – Welfenschloss*	185

Karte 186
Register 188

ANKOMMEN UND EINTAUCHEN
Von »typisch Harz« bis untypisch Harz

»Wir bitten um Entschuldigung für dieses geringe Speisenangebot.« Der Hinweis auf einer aktuellen Speisekarte im Oberharz überraschte mich. Was lief da schief? Während es noch vor ein paar Jahren hieß: »Das wahre Abenteuer im Harz ist die Gastronomie«, begeistert nun vielerorts »Slow food« Herz und Gaumen. Auch die Zeit von »Draußen nur Kännchen« ist zum Glück vorbei. Die neue Marke »Typisch Harz« steht für regionale, gesunde Produkte. Das Etikett wird nur nach strenger Prüfung verliehen. Vom Baumkuchen über Whisky und geräucherte Forellen bis zum Fleisch seltener Rinderrassen gehört alles dazu, und es schmeckt hervorragend. Kulinarisch ist der Harz also – endlich – auf einem guten Weg. Dem Gasthof im Oberharz war an dem Tag vermutlich nur eine Lieferung entgangen, was dann zu der schriftlichen Entschuldigung an die Gäste führte.

Der Umgang mit Touristen hat hier Tradition: 112 Jahre schon existiert der Harzer Verkehrsverband, mit dem sich die Gemeinden der Region gemeinsam vermarkten, was dem Herzoglichen Badekommissar Ernst Dommes aus Bad Harzburg zu verdanken ist. Er engagierte sich seit Dezember 1903 mit Verve dafür. Die Gäste kamen in Scharen, einige sogar geflogen. Das Kursbuch der Deutschen Lufthansa wies 1928 den »Harz-Ring« aus: täglicher Abflug in Hannover um 15.35 Uhr, Ankunft in Halle um 18 Uhr mit Zwischenlandungen in Hildesheim, Goslar, Wernigerode und Quedlinburg.

Heute fliegen die Gäste auf rund 300 Freizeit- und Kultureinrichtungen. Ich war immer wieder überrascht, was dabei für faszinierende Details, welche besonderen Erlebnisse und Begegnungen bei den Erkundungen zutage traten. Der 247 Quadratkilometer große Nationalpark, die dampfende Harzquerbahn, der mystische Brockengipfel, die drei Weltkulturerbestätten, der Rammelsberg mit seinem Weihnachtsmarkt unter Tage, die lieblichen Fachwerkstädte, die zahlreichen Höhlen und Höhen – das alles will erfahren werden. Verschlafen und rückständig – das Image hat das Mittelgebirge längst verloren.

In diesem Buch geht es aber auch um den untypischen Harz. Die versteckten Orte rücken ins Licht, bekannte bekommen durch einen besonderen Blickwinkel neuen Glanz. Sortiert sind sie im Uhrzeigersinn einer imaginären Uhr mit dem Brocken im Mittelpunkt in vier Abschnitte. Dabei beginnt der erste mit Max und Moritz in Seesen quasi bei 9 bis 12 Uhr.

Lassen Sie sich überraschen, wen Sie alles treffen. In Seesen lässt sich noch heute der Einfluss des weltbekannten Klavierbauers William Steinway spüren, abgesehen von Wilhelm Buschs Spuren. Treffen Sie Goethes Faust und Mephistopheles im Dorf Elend, Gottfried Wilhelm Leibniz in der Einhornhöhle und Martin Luther in Geburts- und Sterbehaus in der Lutherstadt Eisleben. 2017 steht der Ort im Rampenlicht, denn da werden 500 Jahre Reformation gefeiert. An den Komponisten Paul Lincke (»Berliner Luft«) erinnert Hahnenklee. Wan Gang, der chinesische Wissenschaftsminister, studierte in Clausthal-Zellerfeld. Ghislaine de Féligonde müssen Sie sehen, zumindest die nach ihr benannte Rose in Sangerhausen, denn die mutige Frau rettete ihren verwundeten Mann im Ersten Weltkrieg aus den feindlichen Linien. Es gibt viele einprägsame Geschichten im Harz, die hier erzählt werden.

Wie gut West und Ost zusammengewachsen sind, ist an mehreren Stellen im Buch zu lesen. Vom Grenzstein im Grünen Band, das sich als naturnahes Wander- und Fahrradterrain bewährt, über die vielen Wege zum Brockengipfel bis zu einem Wachturm der früheren Grenztruppen sowie dem DDR-Museum in Thale.

Das und alles über die elf Abenteuer, auf die ich mich eingelassen habe, lesen Sie gleich im Anschluss. Ob ich alle bestanden habe? Schauen Sie nach – wir sehen uns.

HÖHER ALS HIER AUF DEM OKERSTAUSEE BEI SCHULENBERG FÄHRT KEIN SCHIFF IN NORDDEUTSCHLAND.

BUSCHS LIEBLINGE ÜBERARBEITET
Seesen – Max und Moritz

1

Sie sind gerade erst 150 Jahre alt: Max und Moritz, geschaffen vom ersten deutschen Cartoonisten Wilhelm Busch. Ihre Streiche ersann der Dichter, als er an seine Kindheit in Ebergötzen dachte. Das liegt 52 Kilometer weiter südlich bei Göttingen. 1865 wurden die sieben Streiche erstmals veröffentlicht. Die locker-spritzigen Verse von Ordnung und Chaos sind inzwischen zum Allgemeingut der Deutschen geworden. Aber was hat das mit Seesen zu tun?

Wilhelm Busch lebte die letzten zehn Jahre bis zu seinem Tod am 9. Januar 1908 in Mechtshausen, dem heute kleinsten Stadtteil Seesens. Der Dichter fühlte sich alt, hatte das Malen aufgegeben, die Rechte an seinen Bildern an einen Verlag verkauft und auf seinen Neffen Otto gehört. Der Sohn seiner Schwester Fanny wurde 1898 Pfarrer in Mechtshausen. Und da im Pfarrhaus reichlich Platz war, schlug er vor, seine Mutter Fanny und sein Onkel Wilhelm könnten zu ihm ziehen. Es war Buschs Altenteil, wo er seine letzten Werke *Zu guter Letzt* und *Schein und Sein* verfasste. Dort sind die Wohn- und Schlafstube im Pfarrhaus als Museum erhalten. Busch saß oft auf seiner Lieblingsbank am Waldrand und sinnierte. Auf dem Dorffriedhof ist er begraben worden.

Zurück nach Seesen selbst: Seit ein paar Jahren schmücken Max und Moritz in unterschiedlichen Ausprägungen das Stadtbild. Immer wieder kamen neue Skulpturen hinzu. Mal mit Liebestattoos ausgestattet, dann mit der Ankündigung »Heute ist Badetag« versehen. Die Tourist-Information weiß, wo gerade welche Max-und-Moritz-Figuren stehen, denn manchmal werden sie auch restauriert.

Busch selbst ist als einsamer Spaziergänger vor dem Seesener Rathaus ganz in Bronze zu sehen. 1,90 Meter groß und vier Zentner schwer – ein gewichtiger Humorist für die Ewigkeit.

Das Wilhelm-Busch-Haus in Mechtshausen liegt idyllisch und gibt tiefe Einblicke in seine letzten Lebensjahre. www.wilhelm-busch-haus.de

LAUSCHE DEM FRÜHEN VOGEL!

Seesen – Steinway-Park (2)

»Wann singt die Amsel? Beschreibe den Gesang mit Worten.« Fragen wie diese stehen im Begleitblatt zur Baumerlebnistour, richten sich an Kinder und lassen sich auf der Internetseite des Steinway-Parks herunterladen. Es ist ein unterhaltsames Spiel auch für mich. Als ich vor dem Vogelwecker an der Konzertmuschel stehe, kann ich sehen, wann welcher Vogel singt. Um 3.05 Uhr startet der erste. Zum Schluss ruft der Kuckuck. Selbst er ist mit 6.30 Uhr lange vor meiner Zeit unterwegs.

Ich setze mich in die Konzertmuschel mit dem hölzernen Satteldach. Sie gleicht einem Schmuckstück. Eine weiße Silhouette am Giebel erinnert an William Steinway. Aber was haben die weltberühmten Steinway-Flügel mit Seesen zu tun?

Ein Gedenkstein zwischen den fünf Teichen mit den schönen Spiegelungen gibt gemeißelt Antwort: 1835 wurde Wilhelm Steinweg in Seesen geboren, er starb 1896 in New York und stiftete den Park. Wilhelm war der vierte Sohn des Firmengründers Heinrich Engelhardt Steinweg, der in Seesen seine ersten Klaviere baute. 1850 wanderte er mit seiner Familie nach New York aus und gründete *Steinway & Sons*, mit anglisiertem Firmennamen. William Steinway kam auf seinen Europareisen später immer gern wieder in seine Heimatstadt, brachte reichlich Dollars mit, wurde Ehrenbürger Seesens und unterstützte Vereine und Schulen. Als die Seesener dann eine Attraktion suchten, um Touristen anzulocken, entstand um 1892 die Parkidee. William überreichte einen Scheck, und Seesen widmete ihm die neue Anlage, die rund 300 Eschen, Erlen, Eichen, Kastanien, Linden, Ahorne und Douglasien schmücken. Beliebt sind die Pfingstkonzerte bei freiem Eintritt. Doch ich sitze heute allein auf der Bank in der Konzertmuschel und lausche der Amsel. Es ist spät für sie. Schließlich ist sie schon seit 3.20 Uhr auf den Beinen!

> Das beliebte Steinway Café in Seesen (Hinter der Kirche 9) bietet eine erstklassige Küche und auch mittags günstige Speisen. Tel. 05381/4910941

ZEITLOS SCHÖN
Bad Grund – Uhrenmuseum

Meist kamen sie nur kurz ans Licht, wurden aufgeklappt, schnell betrachtet und oftmals beseufzt. Dann verschwanden sie wieder in dunklen Westen und Hosentaschen, eingeklappt. »Was, so spät schon?« Das hatten sie dann zu hören bekommen. Wenigstens hier in Bad Grund, in der Sammlung von rund 1.700 Zeitmessgeräten aus sechs Jahrhunderten, dürfen auch Taschenuhren endlos strahlen. Sie liegen im Rampenlicht. Wie filigran ihre Meister zu Werke gingen, tritt offen zutage. Ihre Zeit scheint gekommen zu sein.

Ihre Gegenspieler, von der Größe her betrachtet, stehen auch nicht weit. Es sind tonnenschwere Turmuhren vom 15. Jahrhundert bis heute. Auch sie geben endlich Einblicke in ihre rädrige Funktionsweise.

Zeit anzeigen, das ist der schlichte Auftrag all dieser Zahnradgeschöpfe, denen eine innere Unruhe eingebaut ist. Doch mit wie viel Aufwand, mit wie viel Schmuck und Rahmenhandlung das stete Ticken umgeben ist, wird jedem schnell beim Rundgang durch die wohl größte Uhrensammlung Europas klar.

In einem kleinen holzgeschnitzten Hund kreisen die Pupillen auffällig, denn die Hundeaugen bilden zwei große Zifferblätter. Ich muss schmunzeln. Ob Biedermeier oder Jugendstil – jede Epoche vertraut ihrer Art von Zeitmesser. Vorn am Eingang betreibt der Uhrmachermeister seine Werkstatt. Lupe auf, Besteck zwischen Daumen und Zeigefinger, und schon wird am offenen Uhrenherzen operiert. Ein spannender Einblick ist auch das.

Doch je länger ich auf die vielen Uhren schaue, höre ich auch in mir eine Art Zeitbombe ticken. Denn unwillkürlich kommt früher oder später die Frage: Was bedeutet die Zeit für mich? Was will ich damit anfangen? Ist sie nicht der größte Rohstoff, den ich habe? Wer schenkt sie mir, wer nimmt sie mir? Es sind 86.400 Sekunden am Tag – viel, oder?

> Selbstgebackener Kuchen in antik bemöbelter Umgebung lässt sich gut im nahen Café Antique genießen, direkt am Markt von Bad Grund. Tel. 0 53 27 / 30 06

AUGE IN AUGE MIT DER ÄLTESTEN GROSSFAMILIE DER WELT
Bad Grund – HöhlenErlebnisZentrum

Da stehen sie vor mir: Vater, Mutter und Tochter aus der späten Bronzezeit. Sie lebten vor nahezu 3.000 Jahren und hatten wohl annähernd diese Haut-, Augen- und Haarfarben. Diese Rekonstruktionen waren nur möglich, weil der genetische Fingerabdruck der alten Knochen ermittelt werden konnte. Doch die Forscher fanden noch weit mehr heraus – die drei waren nicht allein. Seit 2014 steht fest: Zu der Großfamilie, deren Grab in der Lichtensteinhöhle im Gipskarst von Osterode gefunden wurde, gehörten 48 Menschen. Insgesamt 62 konnten anhand der Knochenfunde identifiziert werden. Es ist die älteste genetisch nachgewiesene Großfamilie der Welt, und genetisch betrachtet haben einige Bewohner der Region Gemeinsamkeiten mit diesen Bronzezeitmenschen, sind folglich im weitesten Sinne ihre Nachfahren. Das nennt man wohl sesshaft werden.

Das ist schlicht eine Weltsensation. Erstmals konnten Anthropologen die Verwandtschaftsbeziehungen einer frühgeschichtlichen Gruppe erfassen, und zwar mit einer Sicherheit, wie sie bei Vaterschaftstests vor Gericht verlangt wird. So entstand auch der bisher älteste Stammbaum einer Großfamilie. 2007 rief man die Bewohner der Region zum Massengentest. Und da zeigte sich die sehr enge genetische Verbindung der Menschen aus der Lichtensteinhöhle zu einigen der heute Lebenden.

Dann steige ich weiter in die Höhle im Iberg. Es geht genauso erstaunlich weiter, denn der Iberg ist ein altes »Riff auf Reisen«. Vor 385 Millionen Jahren war der Berg ein Korallenriff und lag südlich des Äquators, vermutlich auf der Höhe des heutigen Madagaskar. Ein Zeitstrahl verdeutlicht mir die Reise des Riffs von Afrika in den Harz. Das geschah zu einer Zeit, als die Kontinente noch nicht zu ihrer heutigen Form und Lage gefunden hatten. Jetzt schaue ich aber noch mal bei der Großfamilie vorbei – und staune.

- Die 11,4 Kilometer lange König-Hübich-Route um den Kurort ist ideal für den leichten Wandergenuss nach dem Besuch des Museums. www.badgrund.de

WIE DIE HARZER SO SIND
Raues Gebirge – findige Köpfe

Rübeland heißt ein Dorf im Oberharz. Der Höhlenort bedeutet »raues Land«. Das betrifft das regenreiche Mittelgebirge mit seiner Alpenvegetation auf dem Brocken genauso wie den Menschenschlag. Bis ins Mittelalter hieß der Harz »Hart«, was Bergwald bedeutet, aber auch die Lebensbedingungen beschreibt. Bäume zu fällen, Holz in Köhlerhütten zu Kohle zu machen und Erze zu fördern, ist keine leichte Aufgabe. Der Harz und sein Vorland dehnen sich in west-östlicher Richtung von Seesen bis in die Lutherstadt Eisleben rund 100 Kilometer aus, in nord-südlicher von Goslar bis Nordhausen fast 50 Kilometer. Heute ragen die drei Bundesländer Niedersachsen, Sachsen-Anhalt und Thüringen in dieses Gebiet. Vielfältig sind die Traditionen des Harzes, eindrucksvoll die Lebenslinien ihrer Bewohner.

Sie hießen »Kamele des Harzes« und waren Frauen. Sie schleppten schwere Kiepen über Berge und durch Täler. In ihren Weidenkörben auf dem Rücken transportierten sie Eier, Wurst, Setzlinge zum Pflanzen neuer Wälder oder auch Schwarzpulver für die Sprengungen der Bergleute. Die Speditionsfrauen des 20. Jahrhunderts mussten gut zu Fuß sein. Sie pendelten zwischen Bergdörfern und Vorland und verdienten sich so ein mageres Zubrot, während ihre Männer im Bergbau oder im Forst arbeiteten. Sie bildeten bei den schlecht ausgebauten Handelsstraßen ein effektives Netz im Warenaustausch und der Grundversorgung der ganzen Region. Immerhin ist diesen »Kamelen« ein kleines Denkmal gesetzt worden: Auf dem Baumwipfelpfad in Bad Harzburg steht eine Holzfigur in Originalgröße, die der Forstwirtschaftsmeister und Künstler Alexander Frese mit der Motorsäge schuf.

Ganz andere Töne schlagen die »Harzer Roller« an. Es sind Kanarienvögel, denen ein herzergreifender Gesang beigebracht wurde, was sie im 19. Jahrhundert zu einem weltweiten Verkaufsschlager werden ließ (siehe Seite 161). In New York und St. Petersburg rissen sich die belustigten Damen und Herren um diese kleinen Unterhaltungskünstler. In Sankt Andreasberg entstand eine florierende

Kleinindustrie. Transportkäfige für die gelben Piepmätze wurden in Massen gefertigt – alles per Handarbeit. Auch dies ist ein Beispiel für den Erfindungsreichtum der Harzer, für ihre Gabe, aus wenig viel zu machen, und für die Ausdauer, die sie zeigten.

Kreativität bewiesen auch Schäfer und Hirten und übten sich derweil im Birkenblattblasen. Ein hauchdünnes Blättchen, das unter der Birkenrinde wächst, war ihr Musikinstrument. Dieses Harzer Brauchtum wird gern noch gefeiert. Dazu gehören auch das Peitschenknallen, Kuhaustrieb, Jodeln oder die Walpurgisfeiern mit Tanz in den Mai. Sie sind typisch, geben einen Einblick in das frühere Leben der Menschen und machen diesen Landstrich unverwechselbar. Das betrifft den Karneval in Nordthüringen wie auch die Wahl der Karstkönigin.

Es gab immer schon findige Köpfe im Harz, und das gepaart mit Zähigkeit, ihre Ideen in die Tat umzusetzen. Henry Engelhardt Steinway aus Seesen brachte es zu einer Weltfirma für Klaviere. Martin Luther aus Eisleben ging als Reformator in die Geschichte ein. Beide beschritten lange, steinige Wege, doch sie kamen zum Ziel. Auch die Fahrkunst in der Grube Samson in Sankt Andreasberg (Seite 159) fällt in die Kategorie. Es ist eine geniale und schnelle An- und Abreisemethode für Bergleute, in den Stollen hineinzukommen und wieder heraus. Wie klug und pragmatisch Harzer sind, demonstriert auch das kleine Dorf Ströbeck bei Halberstadt – seit mehr als 1.000 Jahren pflegt es das Schachspiel, seit fast 330 Jahren wird Lebendschach gespielt (Seite 89). Bei allen Unterschieden der einzelnen Regionen, die zum Harz gehören: Die Harzer zeigen kulturelle Größe im Kleinen – das war schon immer ihre Magie.

AM LIEBSTEN ZUM INDIAN SUMMER
Bad Grund – Weltwald

Die Welt in Bad Grund hat vier Eingänge. Nahe am Hübichenstein mit dem Adler obendrauf liegen Ostamerika und Kanada. Weiter südlich an der Straße nach Bad Grund kann ich über Westamerika und Asien in den 65 Hektar großen Weltwald gehen. Er ist einer der größten Baumgärten Deutschlands. 1975 pflanzten niedersächsische Förster aus einer Laune heraus auf einer Sturmwurffläche erste fremdländische Baumarten in Gruppen, um zu sehen, wie sie in unserem Klima wachsen. Den meisten erging es gut, weshalb bei meinem heutigen Rundgang der Riesen-Mammutbaum schon bald vor mir auftaucht. Ich bin über Westamerika hineingegangen, habe den Totempfahl, die Hängebrücke sowie den Entdeckerturm angeschaut. Die Kinder, die hier stehen, kieksen vor Freude und spielen Indianer.

Ich bin schnell am Weinblattahorn angekommen und nehme gleich den Himalayaweg zum Rotahorn und zur Gurken-Magnolie. Auch den Tulpenbaum und die Libanonzeder möchte ich nicht verpassen. Tafeln im Wald informieren. Bäume beeinflussten auch die Pfade der Braunbären im östlichen Nordamerika – das steht auf der Tafel vor mir. Von Frasertannen und amerikanischen Rotfichten ist die Rede, die in den regenreichen Smoky Mountains wachsen.

Ich war schon zu jeder Jahreszeit hier, habe langsamen Schrittes den 3,3 Kilometer langen Blüten- und den 4,2 Kilometer langen Herbstlaubweg genossen. Gerade der verbreitet von September bis Oktober mit seinem flammenden Gelb und Rot eine Wohlfühlstimmung. Das Jahr ist gereift. Die letzten warmen Stunden in ebensolchem Licht erheitern das Gemüt. Als großer Fan des Herbstes genieße ich den Indian Summer in Bad Grund besonders gern. Auch der Förster, der gerade eine Gruppe durch den Wald führt, berührt die Blätter respektvoll und schwärmt: »Diese Farbenpracht der exotischen Bäume ist einmalig.«

- Frei atmen im Heilstollen: Im Gesundheitszentrum gibt es dafür zertifizierte, allergikerfreundliche Angebote. www.gesundheitszentrum-bad-grund.de

WEITEN BLICK ÜBER DIE BÄUME HINWEG IN DIE TÄLER BIETET DER ALBERTTURM.

WALDGASTHAUS IBERGER ALBERTTURM /// 37539 BAD GRUND /// 0 53 27 / 15 35 /// WWW.IBERGER-ALBERTTURM.DE ///

GRÜNES BLÄTTERDACH
UND SCHNEEBÄLLE IM SOMMER

Bad Grund – Iberger Albertturm

6

Das ist sensationell: Von Juni bis zum Herbst wird sonntags um 15 Uhr der Schnee ausgewickelt. Während andere in der Stadt an einer Strandbar sitzen, schaut hier kurzzeitig der Winter vorbei. Schneeballschlacht und Schneemannbauen im Sommer – das ist einfach eine andere Art der Erfrischung! Irgendwer hatte schon in alter Zeit, als es noch keine Kühlschränke gab, die Gletschertöpfe am Iberger Albertturm oberhalb von Bad Grund entdeckt. Es sind drei bis fünf Meter tiefe Kalkhöhlen, in denen es selbst im Sommer sehr kühl bleibt. Rund 18 Kubikmeter Schnee schaufeln der Turmwirt und seine Freunde dort im Winter hinein. Dann kommen Laub, Reisig und Stroh darauf, was gut dämmt. So bleibt darunter sogar im Sommer alles äußerst kühl. Der Schnee hält sich problemlos. Endlich kann er nun die Gäste erfreuen.

Die Turmwirtin serviert gerade einen »Iberger Heilpraktiker«, das ist selbst angesetzter Bärlauchschnaps. Harzer Küche mit bayerischem Einschlag wie Weißwürsten und Leberknödelsuppe sind auch im Angebot. Kinder toben auf dem Naturspielplatz. Ich steige jetzt 33 Meter in die Höhe. Am liebsten bin ich oben im Albertturm und schaue durch die Baumkronen ins weite Land und die Täler. Bei guter Sicht sind Brocken und Winterberg zu erkennen. Der Turm hat Tradition. Schon am 31. Mai 1908 wurde er auf dem Gipfel des 570 Meter hohen Ibergs feierlich seiner Bestimmung übergeben. Das steinerne Gebäude löste das baufällige aus Holz ab.

Inzwischen ist die Winter-Gaudi vorüber, der restliche Schnee wieder eingepackt. Nun geht es auf Etappe eins des Harzer Baudensteigs weiter: bis Lerbach vor Osterode sind es 21,9 Kilometer. Insgesamt ist der Wanderweg durch den Südharz 95 Kilometer lang, kann in sechs Etappen locker gewandert werden und endet am Kloster Walkenried.

Für eine kürzere Wanderung sind Rundwege zum Harzer Baudensteig markiert und mit ockerfarbenem Symbol ausgeschildert. www.harzer-baudensteig.de

GUSTAV-ADOLF-KIRCHE /// PROF.-MOHRMANN-WEG 1 /// 38644 GOSLAR-HAHNENKLEE /// 0 53 25 / 23 78 (PFARRBÜRO) /// WWW.STABKIRCHE.DE ///

DAS UMGEDREHTE SCHIFF
Goslar-Hahnenklee – Gustav-Adolf-Stabkirche

Norwegenfans werden sagen: Kenne ich doch! Das Vorbild steht in Borgund, rund 30 Kilometer östlich von Lærdalsøyri im südlichen Teil des Landes – die weltbekannte Stabkirche von 1342. Ihr Holz fällte man sogar schon im Winter 1180/81. In Hahnenklee wurde das Fichtenholz der Stabkirche erst kurz nach 1900 geschlagen – am Nordhang des Bocksbergs. Ihr Äußeres ähnelt dem norwegischen Vorbild sehr, ihr Inneres zeigt sogar mehr Größe, denn 350 Zuhörer finden darin Platz. Gern sitze ich da, lausche der Orgel und denke an die Wikinger.

Sie errichteten die ersten Stabkirchen, und bei ihnen wurde aus fast allem, was sie bauten, ein Schiff. So blicke ich auch in Hahnenklee auf sechs Bullaugen unter der Decke auf jeder Seite und drei an der Rückfront. Der Kronleuchter erinnert mich an das Steuerrad eines Schiffes – hier ist es eben ein Kirchenschiff. Das Dach hat die Form eines umgedrehten Bootes. Außen sind viele Drachenköpfe und Schlangen zu sehen, alles heidnische Symbole. Der Architekt Karl Mohrmann sollte ein »etwas anderes« Kirchenhaus entwerfen und brachte seine frischen Eindrücke einer Studienreise nach Norwegen mit. 1907 und 1908 gingen die Handwerker ihrer Arbeit nach, und schon stand das braun-rot gestrichene Holzhaus mit den inzwischen grünen Schindeln und dem separaten Glockenturm vor ihnen. Die Orgel war oft leicht verstimmt bei der Feuchte im Harz. Spätestens seit 1994 legte sich das mit der neuen Orgel.

Wenn ich mir dann die Stabkirche, die ihren Namen Gustav-Adolf-Kirche aus Skandinavien erhielt, von außen ansehe, fühle ich mich irgendwie nordeuropäisch. Wälder, Berge, Holz, feuchte und kalte Winter sind im Harz ähnlich wie in Südnorwegen. Wie in Borgund kommen die Menschen aus der nahen und weiteren Umgebung, hier treffen sich Freunde von Konzerten, Vorträgen und Lesungen.

> Zu Ehren des Komponisten der *Berliner Luft* wird alle zwei Jahre der Paul-Lincke-Ring vergeben, die Preisträger sind am Paul-Lincke-Platz verewigt.

DIE SCHÖPFUNGSKRAFT WAR ENORM
*Goslar-Hahnenklee –
Striegelhaus und Oberharzer Wasserregal*

Diese Holzhäuser mit Steg sind mehr als Hütten auf Stelzen. Es sind Teile eines Weltkulturerbes, das als »Meisterwerk menschlicher Schöpfungskraft« ausgezeichnet wurde. Das war 2010. Seitdem gehört das Kulturdenkmal Oberharzer Wasserwirtschaft, auch »Oberharzer Wasserregal« genannt, mit seinen 143 Stauteichen, rund 500 Kilometern Gräben und 30 Kilometern unterirdischer Wasserläufe dazu. Regal hat dabei nichts mit Büchern zu tun, sondern mit einem königlichen Hoheitsrecht. Der Landesherr konnte entscheiden, wofür das Wasser fließen sollte – in diesem Fall für den Bergbau.

Jetzt stehe ich vor dem Steg zum Striegelhaus in Hahnenklee, dem nördlichen Ende des Wasserregals, und denke an diese 800 Jahre alte Technik, schon eingesetzt von Mönchen aus Walkenried im Südharz rund 40 Kilometer südöstlich von hier. Da sie schon mit dem Bau von Fischteichen vertraut waren, kamen sie auf die Idee, ein Grabensystem quer durch den regenreichen Harz zu führen, Speicherteiche zu bauen und dann die Kraft des Wassers für zwei Dinge zu nutzen: Es konnte Wasserräder antreiben, die im Bergbau halfen, Erze aus der Tiefe zu fördern, und Pumpen, um das Bergwerk zu entwässern. Sonst hätten die tiefen Schächte ständig unter Wasser gestanden.

Dieses Striegelhaus ist also Teil dieses Weltkulturerbes, das nicht so offensichtlich ist wie etwa die Pyramiden von Giseh in Ägypten, die auch dazugehören. Bis 1714 wurden diese Häuser in die Teiche gebaut, damit der Wärter den Abfluss regulieren konnte. Später standen sie auf den Dämmen. Dicke, gespitzte Eichenstämme wurden mit Rasen und Moos versehen und als eine Art Rohr für einen Stöpsel unten in den Grundablass des Stausees gerammt. Innen drin war der Stöpsel selbst, der über eine Zugspindel von oben bedient wurde. Die Hydraulikkünstler des 16. Jahrhunderts besaßen eine beispiellose Schöpfungskraft.

> Am Ostersamstag zelebriert die Feuerwache Hahnenklee eine Feuershow, ein Spaß für Familien. Dazu spielt der Spielmannszug auf. www.hahnenklee.de

MIST, GERADE GEBLITZT WORDEN!
Goslar-Hahnenklee – Bocksbergbob

Es ist die längste Sommerrodelbahn nördlich des Schwarzwaldes. Sie ist 1,25 Kilometer lang, führt vom 726 Meter hohen Bocksberg hinab auf halbe Höhe oberhalb von Hahnenklee. Ich steige in den grünen Bob auf Schienen. Ein vorerst letzter Blick ins Tal versüßt den rollenden Abschied. Dann gleitet mein Gefährt langsam in die erste Kurve. Zum Glück weiß ich, was meine Hände können: bremsen. Nein, jetzt noch nicht. Es schlagen also zwei Herzen in meiner Abenteurerbrust. Das eine möchte Erlebnis, Geschwindigkeit und Bauchkitzel. Das andere rät zu Vorsicht und gemächlicher Fahrt. Mit zwei Handbremsen kann ich mein Tempo drosseln. Da, die erste Kurve. Super! Ein Kreisel. Super! Eine Brücke, huch, sechs Meter über dem Grund. Bremsen!

Für die schönsten Talblicke ist keine Zeit. Ich schaue zwischen den Fichten hindurch auf die nächste Biegung. Herausfliegen kann der Bob nicht. Doch was war das? Mist, geblitzt! Ich bin in eine Fotofalle gefahren. Zu schnell? Strafe? Das kann doch nicht sein. Später überreicht mir dann oben der Kassierer fröhlich mein Foto mit den Worten: »Bei 42 km/h so entspannt gucken, das ist fürs erste Mal schon echt locker!« Was, so schnell war ich? Die meisten Gäste nehmen ihr Bild gern mit, denn der Gesichtsausdruck verrät eindrucksvoll ihren Spaß oder das (gespielte) Entsetzen.

Das erste Abenteuer ist vollbracht, als ich unten im Auslauf der Bahn gebremst werde. Nun zieht mich die Anlage samt Bob wieder nach oben. Ein sehr schöner Nervenkitzel war das. Beim zweiten Mal wird alles entspannter, denn dann kenne ich die Kurven und Wellen. Bei einer weiteren Abfahrt sitzen wir zu zweit auf dem Bob, das Erlebnis ist noch schöner. Doch die Rollen sind dann ganz klar verteilt: Vorn sitzt der Genießer, hinten der Bremser.

> Die Erlebnisse lassen sich prima beim Schlendern auf dem Liebesbankweg verarbeiten, ein Premiumwanderweg von sieben Kilometern Länge. www.liebesbankweg.de

DER ANBLICK EINES RINGELERZES ERINNERT AN SATELLITENBILDER.
GEOSAMMLUNG TU CLAUSTHAL /// ADOLPH-ROEMER-STRASSE 2 A ///
38678 CLAUSTHAL-ZELLERFELD /// 0 53 23 / 72 27 37 ///
WWW.GEOMUSEUM.TU-CLAUSTHAL.DE ///

VOM SATELLITEN BIS ZUR LETZTEN KÖNIGIN HANNOVERS
Clausthal-Zellerfeld – Geosammlung

10

Steinreich ist Clausthal-Zellerfeld schon allein wegen der 120.000 Exponate in der Mineralogischen Sammlung der Technischen Universität. Dort im ersten Stockwerk des Hauptgebäudes liegen die Glanzstücke der Geosammlung, denn der Bergbau und die Kenntnis des steinigen Untergrundes garantierten über Jahrhunderte den Reichtum der Gegend. In der schon 1811 begonnenen Sammlung finden auch Laien aufschlussreiche Steine. Außerdem wird die Naturgeschichte des Harzes, also die letzten 500 Millionen Jahre, anschaulich präsentiert. Fossilien und in Originalgröße nachgebaute Flugsaurier zieren die Gänge.

Dieses Ringelerz mit seinen zarten, weißen Quarzschnüren und den Flecken erinnert mich an ein Satellitenbild. Inseln, Seen und Berge eines unbekannten Kontinents tauchen auf und stillen ein wenig die Sehnsucht, heute noch unbekanntes Land entdecken zu können. Dieser Stein kommt aus der Tiefe unter Clausthal – aus dem Marienschacht. Er führte 769 Meter hinab, war von 1856 bis 1930 in Betrieb und ließ die Kumpel mit Bleiglanz und Zinkblende zurückkehren. Bis 1912 fuhren die Bergleute noch mit einer dampfgetriebenen Fahrkunst hinab (Seite 159). Königin Marie war nie dabei, obwohl sie ihren Namen für die Röhre in die Unterwelt hergab. Sie hatte 1843 als 24-Jährige den blinden Kronprinzen und späteren König Georg V. von Hannover geheiratet. Marie war die letzte Königin von Hannover, denn sie musste mit ihrem Mann 1866 abdanken, als das Königreich Hannover preußische Provinz wurde.

Erstaunlich, welche Geschichten vom Blick aus dem Weltall bis zum Ende einer Königin in so einem simplen Stein versteckt sind, den einst die Bergleute mit ans Tageslicht brachten. Links blinkt der Malachit aus Oberschulenberg blau-grün, rechts schlummert ein Blätterspat aus Sankt Andreasberg. Was die wohl zu erzählen haben?

> Mehr zum Schicksal der Bergarbeiter ist im Oberharzer Bergwerksmuseum in der Bornhardtstraße 16 in Clausthal zu erfahren. www.oberharzerbergwerksmuseum.de

»ICH BIN FREI WIE EIN VOGEL«
Clausthal-Zellerfeld – TU-Hauptgebäude

Wan Gang hat an dieser Universität im Fach Antriebstechnik seine Doktorarbeit geschrieben. Das war 1990. Dann ging der Chinese zu Audi, um in Forschung und Entwicklung ganz vorn mitzumischen. Heute ist er Minister für Wissenschaft und Technologie in Peking. Bei Chinesen ist die kleine Technische Universität (TU) im Harz besonders beliebt. Von den heute etwa 4.900 Studenten in Clausthal-Zellerfeld kommt ein Fünftel aus der Volksrepublik. Bundesweit sind es 25.500 Chinesen, die größte ausländische Gruppe.

Wer sich unten im Hauptgebäude der TU Clausthal umsieht, trifft meist auf internationale Studierende. Das verströmt ein besonderes Flair. Das zeigt Weite und Weitsicht. Das belegt den hohen Anteil von 25 bis 38 Prozent ausländischer Studierender, was bundesweit ein Spitzenwert ist. Die Bereiche Wirtschaftsingenieurwesen, Energie und Rohstoffe sowie Maschinenbau haben die meisten Absolventen.

Schon 1775 begann die Hochschule ihre Arbeit. Damals war es ein einjähriger Lehrkursus für Berg- und Hüttenleute. Erst 1960 erweiterte sich das Studienangebot, heute spielen die Themen Energie, Rohstoffe, Recycling, Kunststofftechnik und Informatik wichtige Rollen. Einer, der hier an den Laptops sitzt, ist der Kameruner Fabian Diffé. Er hinterließ in der Universitätsbibliothek besondere Farbtupfer: Diffé malte ein farbenfrohes Porträt des Nobelpreisträgers Robert Koch, das dort hängt. Der Maschinenbaustudent malt und zeichnet gern. »Steck mich ins Gefängnis, gib mir, was ich zum Malen brauche, und ich bin frei wie ein Vogel«, stellt er fröhlich fest. Doch dann meint er: »Meine Kreativität kann ich ebenso in den Ingenieurberuf einbringen, und auf diesem Gebiet stimmt die berufliche Perspektive. Außerdem wollten meine Eltern das gerne.«

> Um ein erstklassiger Bierbrauer zu werden, ist der erste Schritt ein Tagesseminar in der Brauakademie. www.brauakademie-zellerfeld.com oder www.oberharz.de

AUF DEN SAFTIGEN FLÄCHEN RECHTS DER STRASSE VON CLAUSTHAL-ZELLERFELD NACH SCHULENBERG STEHEN DIE SCHAFE IM MORGENLICHT.

IN DEN ABTSHÖFEN /// 38678 CLAUSTHAL-ZELLERFELD ///

WENN DIE SCHAFE LICHTBÖGEN TRAGEN
Clausthal-Zellerfeld – In den Abtshöfen

12

Schafe im Morgenlicht haben oft einen Heiligenschein. Wenn die Sonne richtig steht, leuchtet nur der Rand der grasenden Vierbeiner. Auch auf dem Weg von Clausthal-Zellerfeld nach Schulenberg sind rechts manchmal diese Schafe zu sehen. Ich halte an und betrachte sie mir. Sie schnuppern, sie kratzen sich, sie blöken. Was für eine aktive Herde – auf den zweiten Blick. Weltweit soll es sogar eine Milliarde Hausschafe geben. Respekt.

Diese fressen fröhlich und gehen dabei im Schritttempo voran. Andere haben es sich im noch feuchten Gras bequem gemacht. Sie kauen langsam. Es ist eine friedliche Schafszenerie, wie sie gern mit Heide, Deich oder Alb verbunden wird. Doch diese Flächen rechts der Hauptstraße liegen unverkennbar zwischen hohen Bäumen in leicht bergiger Umgebung. Mögen die Schafe noch so nützlich sein, weil sie Milch geben, sich Wolle und Fell verwerten lassen, ihr Fleisch gegessen wird, sie durch ihren Tritt den Untergrund festigen und das Gras kurz halten. Für mich sind sie vor allem die freundlichen, meist weißen Tupfer, die eine Landschaft veredeln. Manchmal werden sie als vierbeinige Landschaftspfleger bezeichnet. Wenn sie auf Golfplätzen grasen, sind es sogar Greenkeeper. Doch sie bieten mehr. Sie verleihen diesen Harzhügeln einen tierischen Charme. Schafe sind Botschafter der Gemächlichkeit und Genügsamkeit. Sie haben einen hohen Kuschelfaktor. Sie machen jede trostlose Wiese zu einer Vorlage für Landschaftsmaler.

Diese mobilen Wollknäuel haben sich inzwischen weiter nach links vorgearbeitet. Doch auch rechts grasen einige. Darin eine Struktur oder Richtung erkennen zu wollen, ist müßig. Schafe sind so. Sie folgen dem guten Geschmack oder einem Hirten, lassen sich treiben und sind ein lebendes Symbol für Friedfertigkeit.

🍴 Harzer Höhenvieh, serviert in einer urigen Holzhütte, bietet der *Oberharzer Wilddieb* in Clausthal-Zellerfeld, Bornhardtstraße 20a. www.zum-harzer.de

VOLLE SCHAUFELTASCHEN BRINGEN ALLES IN BEWEGUNG
Goslar – Weltkulturerbe Rammelsberg

635 Meter hoch ist der Rammelsberg südlich von Goslar, aber heute gehen wir durch eine Seitentür im Stollen tief in ihn hinein auf eine Zeitreise. Mehr als 1.000 Jahre Bergbau gingen hier 1988 zu Ende. 30 Millionen Tonnen Erze kamen ans Tageslicht, eine unvorstellbar große Zahl. Es ist ein lebendiges UNESCO-Weltkulturerbe. In der Waschkaue hängen die weißen Bergmannsuniformen noch an Seilen unter der Decke. Die großen Kehrräder zum Entwässern der Stollen und Fördern des Erzes drehen sich. Die alte gelbe Grubenbahn bringt die Besucher zu den Stellen, wo früher das Gestein gelöst wurde – sogar Rollstuhlfahrer können mitfahren.

»Das ist ja das Besondere, die Exponate werden noch genutzt in unserem Besucherbergwerk«, erzählt Dr. Martin Wetzel. Der wissenschaftliche Mitarbeiter schildert die Details der revolutionären Fördertechnik so anschaulich, als hätte er sie selbst entworfen. Durch das Labyrinth der Stollen, das den Fremden schon nach wenigen Metern orientierungslos zurückließe, bewegt er sich mit erstaunlicher Präzision. Links an der rauen Wand leuchten hellblaue Farbbänder – Vitriolen. »Nicht anfassen«, rät Wetzel. Die Ausblühungen des sulfathaltigen Erzes wären auch nach einer Woche trotz Händewaschens noch an den Fingern. Diese wiederverhärteten Metallsalze wurden früher gewonnen, um daraus Farbstoffe für Leder, Tinte, Bordeauxbrühe gegen Weinschädlinge oder auch Brechmittel herzustellen. Begünstigt wurde das Wachstum der Vitriolen durch das Feuersetzen, einer stinkenden und rauchenden Abbaumethode: Weil im Rammelsberg das Gestein zum Bohren für Sprenglöcher zu hart war, wurden Holzstapel errichtet und angezündet. Die Bergleute hatten gegen Hitze und Husten zu kämpfen, doch das Erz löste sich immerhin.

Heute herrschen hier unten konstante zehn Grad. Auf unserer Zeitreise nähern wir uns einem 8,30 Meter hohen, senkrecht stehenden Rad. Vor 200 Jahren diente so ein mächtiges Kehrrad dazu, über ein langes Gestänge Förderseile zu bewegen, an denen die Erzfracht mit den Metallen Zink, Blei, Kupfer oder auch etwas Silber aus der

Tiefe geholt wurde. Wetzel öffnet einen Schieber. Wasser, die Energiequelle des Harzer Bergbaus, wurde über ein ausgeklügeltes Stollensystem in alle notwendigen Winkel und auch quer durch den Harz geführt. Das 800 Jahre alte Netzwerk aus 120 Teichen, rund 300 Kilometern Gräben und 31 Kilometern unterirdischer Leitungen ist ein weltweit einmaliges Faszinosum und gehört seit 2010 ebenfalls zum UNESCO-Weltkulturerbe (Seite 31 Hahnenklee/Striegelhaus).

Hier rauschten früher 5.000 Liter pro Minute durch die Zuleitungen. Jetzt füllt sich Schaufeltasche für Schaufeltasche. Jeweils 30 Liter passen hinein. Das gigantische Holzrad wird dadurch auf einer Seite schwerer und beginnt sich langsam zu drehen. So können sich weitere Schaufeltaschen füllen. Dieses Schauspiel im Stollen, benannt nach dem einstigen »Bergbedienten« Johann Christoph Roeder, versetzt mich ins Staunen. Um 1800 modernisierte der Oberbergmeister den Bergbau. Schon 50 Jahre zuvor war ein Wasserrad in Betrieb gegangen, doch Roeder baute das erste unter Tage ein. So ein riesiges Rad wurde draußen im Freien gebaut, dann zerlegt und in Einzelteilen bis hierher getragen. Sonst hätte es nicht durch die Felsgänge gepasst. Bis 1911 lief die Wassertechnik, dann förderten die Bergmänner im Richtschacht des Rammelsberges das Erz erstmals mit elektrischer Energie.

Wir folgen den Stollen. Ein Teil davon wird in der Adventszeit zum Weihnachtsmarkt. Tausende Kerzen brennen. Kunsthandwerker verkaufen ihr Schnitzwerk, Bäcker ihre handgefertigten Christstollen. »Dann gibt es Stollen im Stollen«, schmunzelt Wetzel. Unter Tage kommen die Lichter besonders gut zur Geltung.

☞ Wer selbst einmal Bergmann sein möchte, kann auf eine vierstündige Tour gehen, wird passend gekleidet und erhält hinterher das deftige Tscherper-Essen.

VON WEGEN ZUGSPITZE!
Goslar – Blick vom Turm der Marktkirche

»Den Brocken können Sie von oben nicht sehen, aber die Zugspitze!«, verblüfft mich die ältere Dame, als ich bei ihr die zwei Euro für den Aufstieg in den Nordturm der Goslarer Marktkirche hinlege. Die Harzer haben Humor. Der Brocken ist nur 17,68 Kilometer Luftlinie entfernt, aber wegen des 502 Meter hohen Hahnenbergs in südöstlicher Richtung verdeckt, wie sich bald herausstellt. Die Zugspitze bei Garmisch-Partenkirchen liegt genau 500 Kilometer südlich, aber die Dame meinte die Zugspitze der Züge im Goslarer Bahnhof. Kleiner Scherz. Das sind rund 700 Meter.

Nach den 218 Stufen, von denen einige den Namen von Spendern tragen, bin ich oben. Die Türmerstube diente bis 1905 als Feuerwache. Unten pendelt die 6,8 Tonnen schwere Glocke Johanna, mit 2,21 Metern Durchmesser eine der größten in Niedersachsen. Sie schweigt im Moment. Der Stundenschlag der Uhr ist aber zu hören. Und dann der Blick: Wie Miniaturen bewegen sich unten die Menschen. Wer ein Fernglas hat, kann ihnen sogar in die Kaffeetasse schauen. Der Marktplatz ist zu sehen, rechts das Gildehaus der Gewandschneider – die Kaiserworth in Rot-Orange. Die Kaiserpfalz strahlt im Sonnenlicht. Das Traditionslokal »Brusttuch« glänzt mit seinen Schnitzereien. Sehr hübsch ist das Treiben unten im Schuhhof zu sehen. Dieser idyllische Platz gehört zu den schönsten Goslars.

Der zweite Turm der Marktkirche ist zum Greifen nah. Zwei ungleiche Türme kennzeichnen die Kirche mit dem Doppelnamen. Sie heißt mit vollem Titel »Marktkirche St. Cosmas und Damian«. Das waren Zwillingsbrüder aus Syrien, die als Ärzte Kranke gratis heilten und zum Christentum bekehrten. Die Heiligen werden auch in Seenot, bei Pest und Pferdekrankheiten angerufen. Nichts davon ist im Moment zu befürchten, nur, wo bleibt der Zug? Am Bahnhof ist alles leer. Somit entfällt heute für mich der Blick auf die Zugspitze. Schade!

> Die Hotel-Restaurants Kaiserworth und Brusttuch eignen sich für einen Zwischenstopp für Genießer von regionaler Kost. www.restaurant-goslar-worth.de

DIE ZERRSPIEGEL IM INNENHOF ERZEUGEN LUSTIGE SELBSTBILDNISSE.
MÖNCHEHAUS MUSEUM GOSLAR /// MÖNCHESTRASSE 1 ///
38640 GOSLAR-HAHNENKLEE /// 0 53 21 / 49 48 ///
WWW.MOENCHEHAUS.DE ///

IM INNERN DES KAISERRINGS
Goslar – Mönchehaus Museum

Kunst macht Spaß. Im Innenhof des 2014 nach Renovierung neu eröffneten Mönchehauses in der Goslarer Altstadt hängen Zerrspiegel. Das gibt lustige Motive für jeden, der hineinschaut. Ein paar Meter weiter schauen Betonköpfe aus dem Rasen. Das »Kopf-Stein-Pflaster« stammt von Timm Ulrichs und verblüfft. Joseph Beuys hat drei Eichen und drei Basaltstelen beigesteuert. Kurzum: Dieses Haus beherbergt Werke weltbekannter Künstler.

Es wurde 1528 als Bürgerhaus gebaut, wo zuvor ein Augustinerkloster stand. Die reich verzierte Türumrandung erinnert daran. Dort ist auch zu lesen: »Warum stehen Sie davor? Ist nicht Türe da und Tor – kämen Sie getrost herein, würden wohl empfangen sein.« Das werden die Gäste auch, denn der Verein zur Förderung moderner Kunst Goslar zählt heute mehr als 3.000 Mitglieder und hat hier ein weithin beachtetes Museum geschaffen. Den renommierten internationalen Preisträgern des Goslarer Kaiserrings sollte im Mönchehaus ein angemessenes Ausstellungsforum geboten werden. Das ist gelungen.

Zu den ausgezeichneten Gegenwartskünstlern gehörten schon Georg Baselitz, Henry Moore, Christo, Max Ernst oder Ólafur Elíasson. 2015 erhielt Boris Mikhailov die weltweit angesehene Auszeichnung für moderne Kunst. Der aus der Ukraine stammende Fotokünstler ist ein Chronist der sowjetischen und postsowjetischen Gesellschaft. Der 77-Jährige, der in Charkow und Berlin lebt, hat schon in vielen Städten seine Werke präsentiert. Seine aufwühlenden Bilder von Obdachlosen in seiner Heimatstadt Charkow überzeugten die Jury wie auch seine verfremdeten Darstellungen von Sujets.

Das Mönchehaus zeigt seine Kunst stilvoll. Die Atmosphäre: ehrwürdig, fröhlich und frei – zugleich. Schön, dass es auch Workshops gibt. Sie ziehen einen sozusagen ins Innere des Kaiserrings und entfalten ihre eigene Magie.

> Die Steinberg Alm auf dem Nonnenberg hat sogar schon US-Schauspieler George Clooney besucht: Der Blick ist grandios. www.steinbergalm.de

MORD IN SCHÖNSTER LANDSCHAFT
Altenau-Schulenberg – Okersee-Schifffahrt 16

Sie haben es so gewollt. Sie sind an Bord dieses Schiffes gegangen. Es heißt *MS AquaMarin*, hat Platz für 250 Passagiere, ist 35 Meter lang und verkehrt in etwa 420 Metern Höhe über dem Meeresspiegel – so nahe am Himmel fährt kein anderes Schiff in Norddeutschland. Es kreuzt auf dem Okerstausee bei Altenau-Schulenberg im Oberharz. An Bord gibt es zum Beispiel anderthalb Stunden Kaffee und Kuchen, Spargel und Schnitzel, Buffets zu Mutter- oder Vatertag – ja, aber es geschieht auch mehrmals im Jahr ein Mord. Das sind die Höhepunkte auf der Reise des Schiffes, das auf einer Rundtour vom Anleger Schulenberg zur Hauptsperrmauer im Norden und zum Anleger Vorstaumauer im Süden fährt.

Zunächst beginnt alles friedlich, wie der Schiffsname nahelegt. Um 18 Uhr legt das Schiff unschuldig mit seinen Gästen ab. Es wird ein gourmetverdächtiges Abendessen an Bord serviert, doch plötzlich liegt eine Leiche im Gang. »Ahs« und »Ohs« sind zu hören. Zum Glück kann der Kommissar an Bord ermitteln und die Gäste raten natürlich mit. Zwei Schauspieler schlüpfen in die passenden Rollen. Spätestens um 21 Uhr, wenn das weiße Schiff wieder anlegt, wird auch dieser Fall zu den Akten gelegt.

Hoffentlich haben die Passagiere zwischen Tellerrand und Leiche auch einmal aufgeblickt, denn die tiefen Felsschluchten und sanft gewellten Bergwälder bilden eine wunderschöne Kulisse auf der Tour. Bei Niedrigwasser ragen Reste der Waldarbeitersiedlung Schulenberg heraus, die verlassen werden musste, als in den 1950er-Jahren der Stausee entstand. Er fasst bis zu 47 Millionen Kubikmeter Wasser. Die Turbine des nördlich liegenden Wasserkraftwerks Romkerhalle wird mit dem abfließenden Oker-Wasser angetrieben. Ziemlich unter Strom sind auch wir nach der Rundfahrt.

🍴 Von süß bis herzhaft bietet der »Windbeutel-König« seine begehrten Teigwaren – mit Blick auf den Okerstausee. Tel. 05328/1713, www.windbeutel.de

AUS DEM KURZEN LEBEN DER WEISSEN MORGENWOLKE

Altenau-Schulenberg im Oberharz – Ravensklippen

Was für ein Bild! Und es bewegt sich sanft. Die weiße Wolke taucht wie aus dem Nichts plötzlich vor dem schwarzen Nadelwald der Ravensklippen auf. Sie ähnelt einem Wattebausch. Er tanzt über dem Okerstausee. Ein paar Sonnenstrahlen kitzeln meine Nase, während ich am Westufer unterhalb von Altenau-Schulenberg sitze. Dieser Wattebausch verändert seine Form, er ist ein Spielball von Wind und Sonne. Sie wird kräftiger, ihr Glitzern auf dem Stausee stärker. Langsam und lautlos steigt die weiße Wolke höher und ändert fortwährend ihre Umrisse. Stille. Ein leichter Windzug streift über den Hang. Die Herbstblätter links von mir säuseln eine viel zu kurze Melodie. Dann ist die Wolke verschwunden, sie hat sich aufgelöst. Den Großteil ihrer nur wenige Minuten dauernden Lebenszeit konnte ich live mitverfolgen. Wahrscheinlich war ich der Einzige, der ihre Existenz überhaupt wahrnahm.

Dazu dieses Wasser – die Oberfläche ist nicht glatt, sondern gezeichnet wie eine Elefantenhaut. Als wollte der Okerstausee vor mir – 2,25 Quadratkilometer groß – eine Art Fingerabdruck erzeugen. Aber auch der ist flüchtig wie die Wolke, ständig in Bewegung, fortwährend mit kleinen Wellen durchzogen. Dieses ist der Südwestarm des Sees, der Arm des Weißen Wassers am Dietrichsberg. Er schwingt sich weiter rechts bis zu 560 Meter in die Höhe. Vor mir liegen die in Schwarz gehüllten Ravensklippen. Sie bilden in dieser Morgenstimmung den Hintergrund dieses Gemäldes, auf dem sich Luft und Wasser so prima in Szene setzen. Die Silhouette ist perfekt bis in die Sägezahn-Spitzen des Nadelwaldes kurz vor dem hellblauen Himmel.

Die Sonne zieht höher. Das zarte Glitzergelb auf dem Okersee hat sich zu einem gleißenden Korridor verbreitert. Dafür ist die Zeit der weißen Morgenwolken endgültig vorbei. Morgen gibt es vielleicht neue.

- Im Alpinum können sich Downhill-Fans unter den Mountainbikern Abfahrtsrennen im Freien liefern – im Winter auf Skiern. www.alpinum-schulenberg.de

DER TRAUM DER ROT-WEISSEN PAGODE
Altenau – Kräuterpark

Was wohl in der Pagode drin ist? Das auffällige ostasiatische Bauwerk mit seinen Dachvorsprüngen steht in einem der größten deutschen Kräuterparks am östlichen Rand von Altenau. Also gehe ich zunächst durch die Gewürzgalerie. Dort sind rund 500 selbst hergestellte Mischungen nach Rezepten aus China, Malaysia, Indien ebenso wie aus dem arabischsprachigen Raum, Afrika, Amerika und Europa zu riechen und zu kaufen. Gewürzöle und Kräuterliköre stehen neben Honig und Naturkosmetik. Draußen geht es dann am Wasserfall vorbei zu Lavendel, Melisse, Indianernessel und Tamarinde. Je nach Jahreszeit kann ich hier und da schnuppern und speichere so immer neue Düfte. Dazu kann ich sogar etwas über die Heilkraft der Natur lernen, denn Tafeln erläutern mir die Wirkung der Kräuter. Alant schmeckt harzig-bitter, Karoo-Minze hemmt Entzündungen.

Die Pagode ist nicht mehr fern. Mit ihrem gelb-grünen Spitzhut und dem weiß-roten Fachwerk darunter sieht sie aus wie eine Kreuzung aus Harzer Tradition und chinesischer Weisheit. Als ich die Tür geöffnet habe, sehe ich wieder viele Gewürze wie Safranfäden, Zimt und schwarze Senfkörner, dazu jeweils Bilder und die herrlichen Gerüche. Ich gehe auf eine gedankliche Reise zu den Karawanen der Seiden- und der Weihrauchstraße. Schon bin ich auf dem Seeweg nach Indien. Was für eine inspirierende Zeitreise, die in meiner Erinnerung Klänge, Düfte, Erlebnisse und Menschen hervorruft. Die Pagode verbindet exotische Reize mit bodenständiger Vitalität. Sie regt zum Träumen an. Sie führt einem vor Augen, was Gewürze in sich noch gespeichert haben, nämlich einen Schuss Landeskultur und einen Fingerabdruck fremdländischen Lebens. So dient diese Gewürzpagode auch als Mittel gegen Fernweh, als Aphrodisiakum für Weltenbummler oder auch als Beruhigungsmittel für Nesthocker – je nach Sichtweise und Dosierung der Inhaltsstoffe.

> Abschalten in der Kristalltherme bei kostenloser Wassergymnastik und einem Zwischenstopp auf den Relaxliegen.
> www.kristalltherme-altenau.de

ETWA FÜNF KILOMETER SÜDLICH DES GOSLARER STADTTEILS OKER AN DER B 498 RICHTUNG ALTENAU /// 38644 ROMKERHALL ///

DAS NASS KITZELT DEN FROSCHKÖNIG
Okertal – Romkerhaller Wasserfall

Aus 64 Metern Höhe stürzt das Wasser der Kleinen Romke herab. Das ist so gewollt, denn vor mir erhebt sich der höchste Kunstwasserfall im Harz. In einem künstlichen Graben fließt das Wasser zu. Oft stürzt es in Kaskaden herab, erzeugt einen Dunstschleier oder im Winter eine breite, weiße Eisfläche mit Zapfen. Eiskletterer versuchen ihr glattes Glück. Doch heute geht es märchenhaft zu, denn aus meinem Blickwinkel verschwindet das Wasser in der Krone des grünen Frosches, der unten einen Felsen bewacht. Ist es ein verwunschener Prinz? Hat der Frosch ein königliches Leben dank seiner Krone? Es liegt jedenfalls ein Zauber über dieser Szenerie.

Für mich ist es ein magischer Ort, denn wenn ich hochblicke, erkenne ich immer neue Wege, die sich das Rinnsal sucht. Dahinter ist der blaue Himmel zu sehen, aus dem das Wasser zu fließen scheint. Mal schwillt es auch zur reißenden Wasserfront an. Mal tröpfelt es eher durch das Moos. Viele Wanderwege sind von hier aus zu erreichen. Sie führen an den Kästeklippen entlang nach Bad Harzburg oder Goslar, kommen an Mausefalle und Hexenküche vorbei oder führen weiter westlich über die Rabenklippe, den Eichenberg und den Dicken Kopf bis zum Rammelsberg. Etwas südlich des Wasserfalls ist seit 1956 das Wasserkraftwerk Romkerhalle in Betrieb. Es bekommt sein Wasser aus der rund einen Kilometer südlich liegenden Okertalsperre und kann vier Megawatt Energie erzeugen.

Ich gehe ein paar Schritte weiter an der Oker entlang, in der Felsblöcke liegen. Über eine Holzbrücke erreiche ich einen romantischen Ort, die Verlobungsinsel. Niemand da, aber ich kann mir einen Stempel für die Harzer Wandernadel holen. Es ist eine von 222 Stempelstellen im Harz.

> Die Harzer Wandernadel beginnt in Bronze mit acht Stempeln, führt nach 50 Stempeln zum Wanderkönig und mit 222 zum Wanderkaiser. www.harzer-wandernadel.de

LINKS EIN TEUFELCHEN, RECHTS EIN ELEFANT
Okertal – Marienwand als Teil der Harzklippen

Zwischen dem Goslarer Stadtteil Oker und dem Okerstausee reihen sich die Kletterfelsen rechts und links der Bundesstraße auf. Schon von unten sind die glatten und bizarr geformten Granitformationen eine Vorlage für Silhouettendeuter. Da lauert links ein Teufelchen, da hält sich ein Elefant versteckt. Früher sollen die durchziehenden Menschen sich auf den Felsen des Okertales zu kultischen Festen getroffen haben. Geologen nennen die »Tränensäcke« der Felsen Wollsackverwitterung. Das heißt: Die Kanten der Gesteinsblöcke sind im Laufe der Jahrhunderte durch Frost, Regen und Sturm gerissen und schließlich weggebrochen. Sie haben sich gerundet und gleichen übergroßen Wollsäcken.

Ich halte an der Marienwand und schaue, wie sich im fast senkrechten Fels Bäume verankert haben. Die 340 Meter hohen Adlerklippen locken. Einer der zugehörigen Felstürme trägt den schönen, aber gefährlichen Namen Tofana, blickt nach Osten und ist rund 30 Meter hoch. Dort sind heute Kletterer zu beobachten, die sich auf einer der erschlossenen Routen nach oben vorarbeiten. Auf der anderen Seite am Huthberg glänzt der Große Kurfürst mit 465 Metern in der Sonne. Dazu gehört auch die Hexenküche. Bekannt sind die Kästeklippen des Huthberges. Oben angekommen, bietet sich ein Fernblick ins Harzvorland nach Norden, zum Stadtteil Oker und hinab ins Okertal. Das Kästehaus, schon 1928 errichtet, lockt zur Einkehr – und einem weiteren Stempel für die Harzer Wandernadel.

Von hier oben führt der Weg vorbei an der Feigenbaumklippe hinab zum Romkerhaller Wasserfall (vorige Seite). Einmalige Blicke eröffnen sich ins Tal Richtung Westen. Dann könnten die Ahrendsberger Klippen mit 550 Metern im Süden oder die Rabenklippe mit fast 450 Metern weitere Ziele sein. Ein Kletter- und Weitblickerparadies!

Einkehren mit Fernblick – das ist oben auf den Kästeklippen im Kästehaus möglich und ein doppelter Genuss für den Gast. www.kaestehaus.de

KOPF HOCH ZU HEITEREN BILDERN
Bad Harzburg – Bahnhof

Bahnhöfe strahlen einen fröhlichen Reiz aus. Sie sind Scharniere zwischen Weite und Nähe, lösen Fernweh aus, lindern es gleich ein wenig, wenn man abfährt, und sie sind Tauschplätze für Gedanken der Reisenden. Immer wenn ich in Bad Harzburg aus dem Zug steige, betrachte ich die zwei Jugendstil-Glasfenster im Empfangsgebäude über den Türen. Für schnelle Gäste liegen sie vermutlich zu weit oben, da ihr Blick auf das Weiterkommen und somit strikt geradeaus gerichtet ist. Doch hier am Ende der 47 Kilometer langen Bahnstrecke von Braunschweig in den Harzort – seit 1841 in voller Länge so befahrbar – erhellt das Tageslicht zwei heitere Bleiglasbilder vom Ankunftsort.

Im Westfenster zu den Gleisen dominiert das Blau. Häuser und Kirchen variieren zwischen violett, gelb, weiß und rot. Das Ostfenster mit dem Schriftzug »Bad Harzburg« zeigt zur Stadt. Hier ist Grün die vorherrschende Farbe. Dazwischen leuchten die roten Dächer der Stadt. Beide Bilder sind wie das Gebäude Anfang des 20. Jahrhunderts entstanden, doch das Ostfenster wurde zum Ende des Zweiten Weltkriegs durch eine Druckwelle zerstört: In Stapelburg, rund sechs Kilometer östlich, war eine ganze Munitionsfabrik detoniert. Erst 1986 ersetzten die Harzburger dann die provisorischen Scheiben mit dem wiederhergestellten Bleiglasbild. So war die Einheit des Endbahnhofs mit einem Jugendstilbild nach Osten und einem nach Westen endlich vollkommen, der Ausblick auf die 21.000-Einwohner-Stadt wieder ganz. Der südlichste Endpunkt der ersten staatlich betriebenen Eisenbahnstrecke Deutschlands ist heute auch Endpunkt für die Strecken von Oker und Ilsenburg.

Hier beginnt für mich der Harz. Vom Kopfbahnhof, der immerhin schon auf 328 Metern Höhe liegt, geht es weiter. Busse fahren ab. Nach Torfhaus dauert es nur 20 Minuten. Auf geht's!

Für den Anblick schneller Pferde und illustrer Gäste ist die Galopprennwoche im Juli der Höhepunkt, auch für weitere Rennen. www.harzburger-rennverein.de

DAS SETZT DEM HARZ DIE KRONE AUF
Bad Harzburg – Baumwipfelpfad

Unten plätschert der Bach, oben piepsen Finken. Auf Augenhöhe findet der suchende Blick die Kronen von Birken, Buchen, Eschen, Fichten, Ahorn, Tulpenbaum oder Thuja. Das Erlebnis eines barrierefreien Aufstiegs zu einer Lern- und Entdeckungsreise auf höherer Ebene in Bad Harzburg kann beginnen. Der Baumwipfelpfad, im Mai 2015 eröffnet, hat 33 Stationen zum Staunen und Sehen. Acht bis 22 Meter hoch verläuft der Weg durch ein kleines Tal.

Buchdrucker sind Forstinsekten. Das habe ich gerade gelernt und ihre Gänge verfolgt. Baumstämme lassen sich aufklappen, um ihr Inneres zu studieren. Fichtennadelduft liegt in der Luft. Ich balanciere über einen Steg und über schwankende Planken. Dann führt der Blick von der 33 Meter langen Brücke in einen Teich. An der Geologiestation liegen nicht nur Granit vom nahen Brocken oder Korallenkalk und Grauwacke, sondern ein Bergmann erzählt auf Knopfdruck, wie sich die Erzlager gefaltet haben, die er einst half abzubauen.

»Es war ein langer Prozess mit vielen Fachleuten, die spannendsten Informationen herauszufiltern und hier einprägsam zu präsentieren«, betont Eva-Christin Ronkainen, Leiterin der Attraktion. 300 Meter führt der Pfad auf Lärchenholzbohlen zunächst spiralförmig in eine Krone aus Stahl, dann 700 Meter über 18 Masten. Am Ende kann ich umdrehen, absteigen oder über einen neuen Weg hinauf zum Burgberg wandern. »Wir haben den einzigen Baumwipfelpfad in Deutschland, der direkt von einer Stadt aus erreichbar ist«, freut sich Ronkainen. Für Kinder der Hit: Hexe Tula vom Elfenstein erzählt auf dem Pfad Geschichten aus ihrem Leben. Bald gibt es Mondscheinführungen mit Laterne, Spurensuche von Tieren oder kulinarische Köstlichkeiten. Nachts in den Wipfeln mit den Stimmen der Nacht – das ist meine nächste Baumwipfelreise.

> Die Burgberg-Seilbahn hat in 85 Jahren 25 Millionen Gästen zu einem Ausblick verholfen, das neue Gast- und Logierhaus Aussichtsreich lockt.

VON DER WALDGASTSTÄTTE NEBENAN BIETET SICH EIN HERRLICHER BLICK ÜBER DAS ECKERTAL UND ZUM BROCKEN HINAUF.

LUCHSGEHEGE AN DER RABENKLIPPE /// 38667 BAD HARZBURG /// WWW.NATIONALPARK-HARZ.DE /// WWW.LUCHSPROJEKT-HARZ.DE ///

EINBLICKE INS FAMILIENLEBEN
Bad Harzburg – Luchsgehege

Die größte Katze Europas sitzt hinter einem grünen Maschendrahtzaun. Das Schaugehege an der Rabenklippe im Bergwald bei Bad Harzburg ist besonders bei der Fütterung ein lohnendes Ziel. Der Wärter erläutert den Gästen, was er über die halbzahmen Tiere weiß. Sie liegen in der Sonne, gähnen, putzen sich oder sind auf Bäumen zu finden. Schade, dass Attila nicht mehr da ist. Das 2013 gestorbene Tier war mit 19 Jahren schon recht alt und ein Medienluchs – er gehörte zu den meistfotografierten und -gefilmten Luchsen Deutschlands. Anfang 2000 war das Luchsprojekt vom Nationalpark Harz gestartet worden. Die Wiedervereinigung war der Auslöser, denn ein Luchs braucht rund 250 Quadratkilometer Revier. Im Schaugehege werden sie gezeigt, in den Wäldern ausgewildert. Bis Herbst 2006 waren es neun Männchen und 15 Weibchen. 58 wild geborene Jungtiere wurden nachgewiesen. Die gesamte Population wird auf weniger als hundert geschätzt. Einige Tiere sind längst weitergezogen – bis nach Thüringen und Nordhessen. Einige tragen Sender, einige tappen in Fotofallen. Das Projekt gilt als Erfolg einer Wiederansiedlung. 1818 war die Art im Harz ausgerottet worden.

In freier Wildbahn sind die Tiere so gut wie nie zu sehen, da sie sehr scheu sind und tagsüber in ihrem Versteck liegen. Hier kann ich sie mir endlich in Ruhe betrachten und in ihr Familienleben blicken. Durch die kürzeren Vorderbeine und den geschmeidigen Gang sehen die Luchse agil aus. Die Haarpinsel an den dreieckigen Lauschern und ihr Backenbart, den sie je nach Stimmung abspreizen können, wirken imposant. Ich stelle mir vor, wie die Luchse nachts durch die Wälder streifen, beobachten, sprinten oder längere Strecken schleichen. Als Überraschungsjäger schlagen sie ihre Beute gern an Wildwechseln am Waldrand. Ach, dann schaue ich mir doch lieber den grazilen Gang hier im Gehege an.

- Das Gehege lässt sich zu Fuß, mit dem Bus oder per Rad erreichen. Zum Luchsticket gehören Busfahrt und Eintritt zum Gehege sowie zum Haus der Natur. www.haus-der-natur.de

NATIONALPARK-BESUCHERZENTRUM TORFHAUS /// TORFHAUS 8 /// 38667 TORFHAUS /// 0 53 20 / 33 17 90 /// WWW.TORFHAUS.INFO ///

WO STECKT DENN JETZT OBELIX?

Torfhaus – Steinkugel am Nationalpark-Besucherzentrum (24)

Drei Hinkelsteine ruhen am Nationalpark-Besucherzentrum in Torfhaus. Sie könnten von Obelix stammen, der auf seinen Streifzügen mit seinem Freund Asterix auch in dieser Gegend etwas abseits der Bretagne gelandet wäre. Die raue Herzlichkeit – klimatisch gesehen – wäre ihm vertraut vorgekommen. Doch dieses sind drei Urgesteine aus dem Untergrund dieses Mittelgebirges. Sie stammen nicht aus Obelix' Steinbruch, sondern wurden in der Region gewonnen, zwei davon von den Bad Harzburger Steinbruchbetrieben gestiftet: Diabas, Gabbro und Granit. Im Jahr 2000 errichtet, erinnert das Monument mit der Weltkugel zwischen den drei Urgesteinen an die fundamentale Bedeutung der Natur und ihr Schutzbedürfnis. Der Nationalpark-Gedanke setzt sehr konkret den Leitspruch vom globalen Denken und lokalen Handeln um, wie es auf der Begleittafel näher nachzulesen ist.

Zwischen den Urgesteinen herumzugehen, die Weltkugel zu betrachten und den Blick über die Fichten hinauf zum kahlen Brockengipfel schweifen zu lassen, das erzeugt für mich seit Jahren das allerschönste Harz-Gefühl. Torfhaus ist der Dreh- und Angelpunkt für Harzfreunde. Von hier aus sind über den Goetheweg der Brocken und über viele weitere Wanderpfade alle wichtigen Harzziele gut zu erreichen. Der Bus fährt von Bad Harzburg hier herauf. Die Straßen treffen sich.

Mit freiem Eintritt lockt das Besucherzentrum TorfHaus. Bei der interaktiven Ausstellung, beim Landschaftsmodell oder im Kino erfahre ich die spannendsten Zusammenhänge von Mensch und Natur. Für Kinder erzählt Boris Borkenkäfer alles über Frieda Fichte. Wer möchte, schreitet noch den 180 Meter langen Wald-Wandel-Weg ab. Doch mich zieht es zurück zu den drei spitzen Hinkelsteinen. Die Nachmittagssonne projiziert den runden Schatten der Weltkugel auf den Stein. Ein paar Momente in der Ewigkeit.

> Wer in Holzhäusern mit Brockenblick übernachten möchte, findet sie gleich nebenan, auch ein Berghotel gehört dazu. www.torfhaus-harzresort.de

WIE IN EINEM MÄRCHEN ERHEBT SICH DAS SCHLOSS STOLZ ÜBER WERNIGERODE.

IN 30 SCHRITTEN UM DIE WELT
Brocken – Brockengarten

Kaum haben die Walpurgishexen den letzten Schnee vertrieben, zeigen die ersten Blumen im Brockengarten Farbe. Sie haben nur wenig Zeit für die Blüte, darum beginnen sie so früh, wie es nur geht. Von Mitte Mai an ist der Garten neben der ältesten deutschen Bergwetterstation von 1895 sowie in Sichtweite des Brockenhauses, des Brockenhotels und des Fernsehturms oben auf dem 1.141 Meter hohen Gipfel zu begehen. Diesen besonderen Ort auf dem Brocken schaue ich mir immer wieder gern an. Durch die Pflanzenwelt der Gebirgszüge dieser Welt – von Neuseeland über die Höhen Südafrikas und Südamerikas bis zum Balkan oder Himalaya – sind es nur rund 30 Schritte. 1.500 Arten trotzen hier den widrigen Umständen, ducken sich in Mulden und blühen bunt.

Hier herrschen vergleichbare ökologische Bedingungen wie in den Alpen zwischen 1.700 und 2.400 Metern. Das liegt an dem speziellen Brockenklima als windigstem Ort Deutschlands und als einzigem Mittelgebirge mit natürlicher Waldgrenze, denn die Kuppe ist kahl. Fast die Hälfte des Jahres liegt eine oft meterhohe Schneedecke, an mehr als 300 Tagen verschleiert Nebel zeitweise alles, und bis zu 1.800 Millimeter Niederschlag pro Quadratmeter fallen im Jahr. Gunter Karste ist beim Nationalpark Harz seit mehr als 20 Jahren für den Brockengarten zuständig, befasst sich darüber hinaus mit Naturschutz, Forschung und Dokumentation und zeigt gern, was dort oben in alpiner Genügsamkeit auf Granitschotter alles so Wurzeln schlägt. Im Garten wird gelehrt und geforscht.

»Wir haben hier die weiße Küchenschelle, ein Heilkraut«, freut sich Karste. Dann wendet er sich zum Ungarischen Enzian, streicht über das grüne Polster der Polarweide und sieht schon die Brockenanemone blühen. »Ein paar Tage noch, dann strahlt sie«, sagt der Wissenschaftler. Die blauen Alpenglöckchen wippen im Wind. »Da, hören Sie, das ist die Ringdrossel«, kommentiert Karste, »die gibt es praktisch nur hier oben.« Dazu gesellt sich von Ferne jetzt das Stampfen und Zischen einer Lokomotive der Brockenbahn, die sich zum Gipfel quält. Ihr weißer Dampf wabert zum hellblauen Himmel.

Hinter dem Gartenzaun klackert sie vorbei. Da fällt unser Blick auf eine Hemlocktanne. Sie hat sich unglaubliche 150 Jahre hier oben behauptet, aber ist nicht viel größer als wir.

Dass es den Versuchsgarten überhaupt gibt, ist Albert Peter zu verdanken, dem Direktor des Botanischen Gartens der Universität Göttingen. 1890 holte er sich die Genehmigung des Fürsten Otto zu Stolberg-Wernigerode, um auf dessen Land die Anpassungsfähigkeit von Alpenpflanzen zu testen. Seit 1950 kümmerte sich die Universität Halle um das weltweit einmalige botanische Versuchslabor. Von 1961 bis 1989 hatte das Militär die Herrschaft über den Brockengipfel. Gras wucherte. Arten verschwanden. Die Schweizer Weide nutzte die gärtnerische Zwangspause zum Raumgewinn. Karste ließ sie später ein wenig zurückschneiden und fand Gefallen an einem Ausspruch von Hermann Löns. Der hatte Anfang des 20. Jahrhunderts vom Anblick geschwärmt, der sich ihm mit einem weißen Meer an Blüten der Brockenanemone auf dunkler Bergheide bot. »Das haben wir jetzt wieder«, freut sich der Naturschützer. Freiwillige Helfer hegen und pflegen die Bergheide. Wo früher Brockengräser vorherrschten, wiegen sich heute Tausende neuer Brockenanemonen im Wind.

Welche neuen Arten hier überleben können, hängt auch vom künftigen Brockenklima ab. Es hat sich für den Menschen kaum spürbar erwärmt – von durchschnittlich unter zwei Grad um 1848 auf heute über vier Grad. Für manche Pflanzen aber sind das ganz neue Umstände, sich in der alpenähnlichen Harzer Höhenluft zu assimilieren. »Wir sind selbst überrascht«, erzählt Karste von den Versuchen.

☙ Auf zum »Hexenflug« auf einem Besen vor einer Filmprojektion vom Brocken im Nationalpark-Besucherzentrum Brockenhaus. www.nationalpark-brockenhaus.de

VOM BROCKENHAUS AUS FÜHRT DER WEITE BLICK ÜBER DIE WANDERWEGE UND WÄLDER BIS WERNIGERODE.

WALPURGISNACHT, TEUFELSZEUG UND BROCKENGESPENST
Wie verhext – von Sagen und Mythen

Die Brockenhexe schmückt fast jeden Souvenirladen im Harz. Oben auf dem Brocken, dem zentralen Erlebnisort für Hexenwerk und Teufelszeug, kann sogar jeder einmal auf dem Besen reiten. Der höchste Berg im Harz hat seine Verklärung zwei Dingen zu verdanken: dem häufigen Nebel und Goethes *Faust I*. Nach Auskunft des Deutschen Wetterdienstes stehen rund 300 Nebeltagen im Jahr nur sechs mit Fernsicht von mehr als 100 Kilometern gegenüber. Das »Brockengespenst« wurde oft beschrieben, ist aber nur die Projektion von Häusern oder Menschen in der untergehenden Sonne auf eine Nebelwand im Osten des Brockens. Als Heinrich Heine, Dichter und eifriger Wanderer, 1824 im Gasthaus oben auf dem Berg übernachtete, erlebte er auf dem Turm einen »betörend schönen Sonnenuntergang«. Von dem Riesenpanorama aus Städten, Städtchen und Dörfern war er überwältigt.

Schon 1777 war Johann Wolfgang von Goethe im Harz, wo er sich sehr wohlfühlte. Mit der Walpurgisnachtszene im *Faust I*, 1808 veröffentlicht, machte er die Nacht zum 1. Mai mit ihren verkleideten Hexen und Teufeln am Brocken weithin bekannt. Mephistopheles lockt Faust zum Hexentanz auf den sagenumwogenen Gipfel, auch Blocksberg genannt. An ihnen reiten Hexen in Scharen vorbei. Mephistopheles: »Das zischt und quirlt, das zieht und plappert! Das leuchtet, sprüht und stinkt und brennt! Ein wahres Hexenelement!«

Die Hexenverfolgung war Goethes Zeitgenossen durchaus real. Erst gegen 1790 war eine etwa 300 Jahre währende Epoche mit Hexenprozessen und Todesurteilen gegen Zauberinnen, die angeblich einen Pakt mit dem Teufel hatten, vorbei. Der Harz war ein Hort der Hexen. Oberhalb von Thale liegt der Hexentanzplatz, wo in der Nacht zum 1. Mai der Teufel los war: An dem früheren germanischen Kultort wurden in jener Nacht heidnische Bräuche zu ekstatischen Tänzen praktiziert. Christliche Wächter sollten das zur Zeit Karls des Großen verhindern. Doch die mit Besen und Heugabeln bewaffneten Sachsen kamen verkleidet und mit geschwärztem Gesicht.

So konnten sie die Wächter erschrecken und in die Flucht schlagen, um dann den Hexentanzplatz nach alter Sitte zu bespielen. Das berichtet jedenfalls Pater Decker in einem Klosterbrief von 1752 so, der das Geschehen erstmals nach der langen mündlichen Überlieferung schriftlich festhielt. Heute führt fast jeder Harzort seine Hexengeister zur Walpurgisnacht touristenwirksam spazieren. So feiern viele verkleidete Menschen den ganzen Abend.

Sagen, Mythen und Legenden stammen im Harz aber auch aus der Kaiserzeit, von Friedrich Barbarossa oder Heinrich IV. Einen weiteren Anlass für gruselige oder lustige Geschichten, die sich die Harzer am Abend erzählten, war das Leben unter Tage. Die Bergleute begegneten häufig dem Berggeist, hielten mit Zwergen Zwiesprache oder kolportierten Anekdoten, die sie von Wanderarbeitern hörten. Das konnten geheimnisvolle Venezianer sein, wie sie im Schuppental bei Schierke vorbeikamen und im Fels verewigt sind. Oder Bergmönche lieferten Stoff für Erzählungen, wie sie auf dem Mythenweg in Thale zu erleben sind.

Eine Sage aus dem Oberharz berichtet: In einer Höhle lebte ein wilder Riese. Er war fast nackt, ihn schützten nur etwas Borke und Moos, seine Frau nicht viel anders. Eines Tages kam ihnen Ritter Klaus entgegen, der das kleine Clausthal gegründet hatte und den Bergbau einläutete. Da der wilde Mann jedoch eine ausgerissene Tanne in der Hand trug, versteckte sich der Ritter und folgte ihm heimlich. Die Frau des Riesen sah aber den Ritter und floh. Dieser sprach mit dem Riesen und freundete sich mit ihm an. Das brachte dem Ritter Reichtum, denn der wilde Mann zeigte ihm Silberadern. Mit einer anderen Frau bekam der wilde Mann dann bald mehrere Kinder. So entstand das Dorf Wildemann – na ja, der Sage nach natürlich nur!

GELASSENHEIT TANKEN
Ilsenburg – Forellenteich

26

Auf der Promenade spaziert es sich schön: Schwäne und Enten schauen neugierig vorbei, Wanderer blicken über den See hinauf zu den Wolken über dem Brocken. Dorthin wollen von hier aus viele. Das Ilsetal mit dem glasklaren Bächlein faszinierte 1824 schon Heinrich Heine. Der nach ihm benannte Weg führt von Ilsenburg auf rund elf Kilometern durch romantisch verklärte Wälder, aber ab dem achten Kilometer teilweise mit beachtlichen Steigungen hinauf zum höchsten Harzgipfel. Nach vier Kilometern sind die Ilsefälle erreicht. Die Kaskaden begleiten den Wanderer auf mehr als einem Kilometer, dann steht an einem Rastplatz ein Denkmal für Heinrich Heine, der mit Zitattafeln ohnehin auch an anderen Stellen des Weges präsent ist.

Am Forellenteich ist jetzt noch mehr los. Enten schießen durchs Wasser, denn einer der Flaneure hat Semmelbrösel hineingeworfen. Wasserspiele gibt es ein Stück weiter rechts zu beobachten. Die Wasserkraft der Ilse war über Jahrhunderte die Grundlage für den Betrieb von Blasebälgen, Schmiedehämmern und Walzwerken. Später erzeugten vier Turbinen Strom. Der Industrielehrpfad *Vom Erz zum Metall* quer durch den Ort entlang des Flusses informiert darüber. Das Hütten- und Technikmuseum liegt im Ortskern und liefert Einblicke in die Erzverhüttung, wofür Ilsenburg weithin bekannt war.

Ich gehe ein paar Schritte an der Promenade entlang zum Ortskern. Dort am Südufer des Forellenteiches quillt eine kleine Fontäne aus einem steinernen Brunnen. Die ganze Szenerie versprüht geruhsame Eleganz. Der ruhige, naturnahe Luftkurort mit Schloss und Kloster ist für alle ideal, die etwas abseits der großen Gästeströme Gelassenheit üben möchten. Ilsenburg liegt auch an der Straße der Romanik, die sich durch Sachsen-Anhalt zieht und historische Kleinode miteinander verbindet. Dieses ist ganz sicher eines.

> Am Forellenteich lässt sich gut Fisch essen – das Landhaus *Zu den Rothen Forellen* hat Restaurant, Übernachtung und Wellness. www.rotheforelle.de

DIESES BILD ZEIGT DEN WALDGASTHOF STEINERNE RENNE IM KLEINEN, DENN ES ENTSTAND IM MINIATURPARK WERNIGERODE.

WALDGASTHAUS UND HOTEL /// STEINERNE RENNE 67 ///
38855 WERNIGERODE /// 0 39 43 / 60 75 33 ///
WWW.STEINERNE-RENNE.DE ///

FAMOSER BLICK – SCHON SEIT OTTO
Hasserode – Steinerne Renne (27)

Wild und zerklüftet liegt es da, das rund 2,5 Kilometer lange Tal. Eine Wanderstunde westlich von Wernigerode auf dem Weg zum Brocken schmiegt sich das Naturdenkmal malerisch um das Flüsschen Holtemme. Stromschnellen, große Steine und glucksende Wasserfälle sind zu erleben. Schon bei den ersten Harztouristen um 1850 war dieses Tal der Hauptmagnet. Auf alten Grußpostkarten sind vornehm gekleidete Gäste zu sehen, die sich an den Wasserkaskaden niedergelassen haben. Die Frauen tragen Hüte und wallende, lange Kleider. Neben ihnen stehen Männer in Anzügen. Ein Maler mit Pfeife verewigt das Idyll mit grünen Tannen, Fichten und Farnen auf seiner Leinwand. Ähnlich schön ist es auch heute noch. Der Bahnhof Steinerne Renne der Harzquerbahn ist ein guter Ausgangspunkt, die Schlucht zu durchwandern. Von 300 Metern steigt sie auf rund 550 Meter an. Dort oben grüßt nicht nur ein Wasserfall, es lockt auch das markante rot-weiße Waldgasthaus. Schon 1869 stand an der Stelle ein Blockhaus.

Ich nehme auf der Terrasse Platz. Was für ein famoser Blick! Einige Wanderer haben im Haus übernachtet, schwärmen vom Hochzeitszimmer mit dem Erker und rüsten sich zum Aufstieg. Der Brocken ist in etwa 2,5 Stunden zu erreichen, mit dem Mountainbike sogar in einer Stunde weniger. Andere machen sich auf den Weg zum rund zwei Kilometer entfernten Ottofels. Dieser aufragende Granit ist nach dem Fürsten Otto zu Stolberg-Wernigerode benannt, dieser war Vizekanzler unter einem anderen Otto: von Bismarck. Ähnlich wie der, aber bereits früher, suchte Otto zu Stolberg-Wernigerode nach Lösungen für die soziale Frage und richtete in seiner Grafschaft eine Kranken-, Pensions- und Unfallkasse für Arbeiter ein. Der Fürst hatte selbst Fabriken in Ilsenburg und Magdeburg und starb 1896 auf seinem Familiensitz, dem Schloss in Wernigerode.

> Vier Kilometer nordwestlich ist das Waldgasthaus Plessenburg ein Ziel, von dort fährt im Sommer der Linienbus Ilsetaler weiter. www.plessenburg.de

VOM CAFÉ IM GÄRTNERHAUS FÜHRT EIN WEG IN DIE STREUOBSTWIESE – DAS KLOSTERAREAL IST EIN ORT ZUM ENTSPANNEN.

EVANGELISCHES ZENTRUM KLOSTER DRÜBECK ///
KLOSTERGARTEN 6 /// 38871 DRÜBECK /// 03 94 52 / 9 43 00 ///
WWW.KLOSTER-DRUEBECK.DE ///

VON ÄBTISSINNEN UND ÄRZTINNEN
Drübeck – Kloster

Es ist der »Frauenort« im Harz. Mehr als 1.000 Jahre lebten im Nonnenkloster Frauen in einer Gemeinschaft, zeitweilig waren es mehr als 100. Otto I. nahm das Benediktinerinnenkloster im Jahr 960 unter seinen Schutz. Heute dient das restaurierte Gemäuer in dem Dörfchen Drübeck bei Ilsenburg am Rande des Harzes als Tagungsstätte der evangelischen Kirche in Mitteldeutschland. Ich sitze draußen am Gärtnerhaus, lasse mir hausgebackenen Kuchen schmecken und schaue auf ein grünes Fahrrad, das den Übergang zur Streuobstwiese markiert. Die Kellnerin bringt gerade den Cappuccino. Sie und die Sonne lächeln, als sie auf diesen »Frauenort« hinweist.

In Sachsen-Anhalt gibt es heute schon mehr als 50 davon, wobei Drübeck einer der besonderen ist. Die Orte erinnern an das Lebenswerk von Frauenpersönlichkeiten. In Wernigerode ist es das Schloss, in Quedlinburg ist es das Geburts- und Sterbehaus von Dorothea Erxleben, der ersten deutschen Ärztin. Die Tafel in Drübeck hebt Äbtissin Anna Freiin von Welck hervor, die Anfang des 20. Jahrhunderts die Aufgaben des Damenstifts neu ausrichtete und Erziehung, Ausbildung und Gesundheitsvorsorge betonte. Sie ebnete den Weg zum Erholungsheim für alleinstehende, erholungsbedürftige Frauen. Es schloss 1991.

Ich schaue mir noch die fünf Gärten der Stiftsdamen an. Jeder ist von einer Mauer umschlossen, hat ein schlichtes Wegkreuz und ein Gartenhaus. Auch der Garten der Äbtissin und der Rosengarten mit Brunnen sind hübsch anzusehen. Ich bewundere die Bibliothek in der Scheune und suche mir im Stall ein Quartier für die Nacht. Das ist hier nicht aus Stroh, sondern es sind 31 moderne Zweibett- und 45 Einzelzimmer in den umgebauten Häusern vorhanden, die Urlauber und Tagungsgäste nutzen. Abends verwandelt sich das Gärtnerhaus in eine Weinstube – also zum Ort der inneren Einkehr.

> Hinweise auf weitere Frauenorte quer durch ganz Sachsen-Anhalt und ihre oft famosen und überraschenden Geschichten finden sich unter www.frauenorte.net

FAUCH, STÖHN, SEUFZ, ZISCH ...
Wernigerode – Harzquerbahn

1,2 Millionen Passagiere der Harzer Schmalspurbahnen finden im Jahr ihre Freude an einer nostalgischen Art zu reisen – in alten Waggons, die von einer Dampflok gezogen werden. Und das sogar zum höchsten Bahnhof Norddeutschlands. Auf 1.125 Metern liegt der Halt auf dem Brocken. In einer Wolke aus Rauch und Dampf kommt die Lok zum Stehen. Auf der 33 Kilometer langen Brockenreise verdampft so ein 60-Tonnen-Stahlross rund 8.000 Liter Wasser und verbrennt etwa zwei Tonnen Steinkohle. Doch zu gern lassen sich Wanderer von den Rot-Schwarzen, wie sie die Zugmaschinen aus »Heavy Metal« liebevoll nennen, hinaufbringen, um dann gemütlich den leichteren Talweg zu nehmen.

Seit 1899 ist das gesamte Streckennetz der Schmalspurbahn in Betrieb. Schon 1887 wurden die ersten 10,2 Kilometer zwischen Gernrode und Mägdesprung eröffnet. 140,4 Kilometer lang ist das Netz, wovon 61 Kilometer zur Harzquerbahn gehören. Auf Genuss wird schon lange Wert gelegt, denn es gehören nicht nur zwei Speisewagen zum Bestand, sondern schon 1929 fuhren Kurswagen aus Paris bis zum Brocken. »Formidable«, sollen die Gäste gerufen haben: »Großartig.« Ganzjährig und nach festem Fahrplan verkehren die Dinosaurier des 20. Jahrhunderts, 25 Bahnhöfe und 22 Haltepunkte ermöglichen den Zu- und Ausstieg zwischen Brocken, Wernigerode, Nordhausen und Quedlinburg. Bis dort fährt die idyllische Selketalbahn. Den Abschnitt von Drei Annen-Hohne bis zum Harzgipfel bestreitet die Brockenbahn. Zwischen 45 und 60 Minuten brauchen die zischenden Stahlrösser für die rund elf Kilometer. Die gibt es auch im Fanshop: Besonders wirklichkeitsnah ist die 20 Zentimeter große Räucherlok aus Leichtholz für die Wohnstube. Das Poster vom Führerstand findet ebenso großen Zuspruch. Viele bekommen aber erst leuchtende Augen bei der Führerstandsmitfahrt. Von Wernigerode bis zum Brocken kostet die allerdings 99 Euro – im Stehen.

> Ein Ehrenlokführerkursus dauert 13 Tage und liefert bei vielen Fahrten zum Brocken sowie Werkstattarbeit tiefe Einblicke in das Können.

AUCH VOR DEM HANGAR WARTEN
ALTE PROPELLERMASCHINEN AUF BEWUNDERER.

MUSEUM FÜR LUFTFAHRT UND TECHNIK /// GIESSERWEG 1 ///
38855 WERNIGERODE /// 0 39 43 / 63 31 26 ///
WWW.LUFTFAHRTMUSEUM-WERNIGERODE.DE ///

FRIEDLICH VEREINT
Wernigerode – Luftfahrtmuseum 30

Ein Feuerstuhl unter dem Hintern, aber sonst nur dünnes Blech. So ernüchternd sind die schnellsten Waffenträger des Kalten Krieges. 60 Originalflugzeuge und Hubschrauber aus aller Welt stehen in zwei Hallen im Museum für Luftfahrt und Technik in Wernigerode aufgereiht. Die Piloten saßen in engen Blechkäfigen zwischen einem Geflecht aus dünnen Rohrleitungen und elektrischen Kabeln. Auf dem Schild daneben steht »Mach 2«, das ist doppelte Schallgeschwindigkeit. »Mach 1« sind schon rund 1.235 Stundenkilometer, ein kaum vorstellbarer Wert für Wanderer, Radfahrer und Autolenker. Zwischen List auf Sylt und Oberstdorf in Bayern liegen 886 Kilometer, das hätte der Flieger mit »Mach 2« in gut 21 Minuten geschafft.

Was mich aber mehr fasziniert, ist das friedliche Nebeneinander der Militärkampfjets. Da parkt ein Starfighter der Bundeswehr neben einer MiG-21 der Nationalen Volksarmee. Auch beim Mehrzweckjagdflugzeug russischer Produktion leuchten Hammer und Zirkel des DDR-Wappens an der Seitenflosse. So wirkt das Innenleben dieses Hangars am Rande des Harzes wie ein Friedenssinnbild mit antiquierten Waffen. Gerade rollte noch einer der letzten drei Marut-Kampfbomber der indischen Luftwaffe herein, bald soll eine Transall ihre letzte Ruhe finden. Kinder klettern in ein offenes Cockpit, das dafür freigegeben ist. Auch an Sammler-Modellen im Kleinformat herrscht kein Mangel.

Draußen parken weitere »Könige der Lüfte«, hier ein Propellerflugzeug, da ein schlanker Schnellflieger. Zwischen den Hallen liegt die CafetAIRia mit einem kleinen Museumsladen. Gegenüber glänzt ein Rolls-Royce Silver Shadow von 1968 mit 6,3 Litern Hubraum. Er machte weniger als »Mach 1«, bei der Leistung auf dem Schild steht nur: ausreichend. Schließlich ist es auch nur ein Auto und hat 178 PS.

- Ganz in der Nähe liegt das Baumkuchenhaus, mit Schaubacken und einem Café, in dem die Spezialität serviert wird. www.harzer-baumkuchen.de

HIER BEGINNT DER GASSENBUMMEL
Wernerode – Westerntor 31

Der mächtige, 36 Meter hohe und dickwandige Turm markiert den Westeingang nach Wernigerode. Durch das Stadttor sind Tausende von Kutschen gefahren. Oben im Turm allerdings saßen oftmals Steuersünder. Sie wurden so lange festgehalten, bis sie ihren Rückstand bezahlt hatten. Auf der Spitze des alten Bauwerkes dient eine goldene Forelle als Wetterfahne. Schon 1279 ist dieser Turm in den Annalen der Stadt erwähnt. Er strahlt für mich besonders nachts einen Charme vergangener Zeiten aus – wie überhaupt die gesamte Altstadt, die sich von hier aus gut erkunden lässt. Der Marktplatz mit dem Rathaus gehört sicher zu den meistfotografierten im Harz und ziert viele Broschüren. Die Unterengengasse sowie der Kohlmarkt sind für den weiteren Bummel sehr geeignet wie auch die Kochstraße mit dem Kleinsten Haus. Vom Schloss aus eröffnet sich ein weiter Blick über eine der beliebtesten Harzstädte. Hier stimmt einfach die Mischung aus filigraner Baukunst, alten Gassen, urigen Lokalen, Kunsthandwerk oder Baumkuchenfertigung und einer lieblichen Umgebung.

Vom Westerntor aus sind es in die andere Richtung nur ein paar Schritte zu einer weiteren Besonderheit, dem Bahnbetriebswerk der Harzer Schmalspurbahnen. In der 70 Meter langen Halle von 1926 werden die dampfenden Rösser und ihre Waggons gewartet. Da kann jeder bei Führungen zuschauen (Seite 81).

Ich gehe ein paar Schritte weiter und schaue mir die Fassade des Hauses Westernstraße 35 an. Dort wohnten über viele Jahrzehnte die Torwächter. 1877 ließ Zigarrenfabrikant Ernst Trümpelmann das Gebäude neu errichten. Unten im Laden verkaufte seine Frau die Tabakwaren. Mit Erker, Stuckplatten und Figurenschmuck ist es auch heute noch ansehnlich. Doch das Westerntor mit der achteckigen Spitze und den vier Turmhäuschen ist für mich noch schöner.

> Die Wernigeröder Schlossfestspiele im Sommer mit Oper und Konzerten sind ein kultureller Höhepunkt, der sich lohnt. www.schloss-wernigerode.de

MINIATUR UND WIRKLICHKEIT: VORN IST DER NACHBAU DES SCHLOSSES WERNIGERODE ZU SEHEN, DAS IN DER FERNE IM ORIGINAL ZU ERKENNEN IST.

MINIATURENPARK /// DOMBERGSWEG 27 /// 38855 WERNIGERODE /// 0 39 43 / 40 89 10 11 /// WWW.MINIATURENPARK-WERNIGERODE.DE ///

WAS IST KLEIN, WAS GROSS?
Wernigerode – Miniaturpark

32

Wer den Harz kennenlernen möchte, aber nur eine Stunde Zeit hat, ist im Miniaturpark gut versorgt. Alle wichtigen Sehenswürdigkeiten sind im Maßstab 1 : 25 nachgebaut. Eine Meisterleistung! Diese Miniatur-Architekten lassen sich sogar gern auf die Hände schauen: Die Modellbauwerkstatt nebenan im Schafstall kann besichtigt werden. Gerade sind die Tischler dabei, das Weltkulturerbe Rammelsberg bei Goslar nachzubauen. »30 Meter wird das Modell«, sagt einer von ihnen und zeigt auf die Pläne. Mit Zeichnungen und Detailfotos vom Original gehen die Modellbauer hauptsächlich im Winter an ihr filigranes Handwerk. Dann müssen auch die vorhandenen rund 50 Bauwerke repariert werden, die jetzt in der Halle auf ihren frühsommerlichen Einsatz im Freien warten. Zwei Frauen sind allein damit beschäftigt, die Figuren zu bemalen.

Das Freigelände ist nicht nur für Kinder eine Freude. Da zuckelt die Kleinbahn an der Köhlerhütte vorbei. Ob der Sessellift von Thale, die Kaiserpfalz in Goslar oder das Schloss Blankenburg, alles lässt sich von schräg oben bestens betrachten. Kenner gehen in die Hocke, um die Details der Bauwerke zu würdigen. An den Schildern sind auch die Entfernungen in Kilometern zum Original abzulesen.

Besonders markant fällt das beim Schloss Wernigerode aus, denn es ist von hier aus etwa zwei Kilometer entfernt am Berghang zu erblicken. Wer sich in die passenden Winkel stellt, kann am Modell entlangschauen und hinten das Original erkennen. Ein gelungenes Ensemble aus Groß (hier vorn) und Klein (dort hinten), was die wirklichen Größenverhältnisse genau umkehrt. Vom Halberstädter Dom in Miniatur schallt gerade das Glockengeläut herüber. 15 Modellbauer haben ihn in drei Jahren erschaffen.

Kinder verlängern ihren Aufenthalt gern mit dem Besuch von Kletterwand, Minigolf, Tiergehege, Klangorten, Pumpengarten oder Wasserfall.

> Übrigens lohnt sich der Aufstieg auf den Aussichtsturm, von dem aus die 17 Hektar große Bürgerpark und der Miniaturenpark zu überblicken sind.

SCHACH MATT, MEIN LIEBER! KINDER SPIELEN GERN DIE BAUERN BEIM LEBENDSCHACH MITTEN IM DORF.
SCHACHMUSEUM STRÖBECK /// PLATZ AM SCHACHSPIEL 97 /// 38822 SCHACHDORF STRÖBECK /// 03 94 27 / 9 98 50 /// WWW.SCHACHMUSEUM-STROEBECK.DE UND WWW.SCHACHDORF-STROEBECK.DE ///

VON WEGEN SCHACH MATT – SCHACH LEBENDIG!

Schachdorf Ströbeck

Lebendschach mit Menschen, gekleidet in eigens nachgewobenes Tuch mit denselben Materialien wie aus dem Jahr 1850 – wo gibt es das sonst? Im Dorf Ströbeck, acht Kilometer vor Halberstadt, verwandeln sich seit fast 330 Jahren Bewohner in Schachbrettfiguren. Und müssen sich geduldig setzen lassen. Da schaue ich heute zu. Der Turm geht in der Endphase des Spiels gerade von b1 nach b3, dann beweist er wieder Standfestigkeit. 32 Ströbecker in Trachten stehen auf dem »Platz am Schachbrett« in der Dorfmitte und werden von zwei Spielern dirigiert, die erhöht sitzen. »Wenn es zu heiß ist, reichen wir Getränke oder es kommen Ersatzspieler«, sagt Sigrid Karasch, die das Lebendschachensemble leitet. Oft geht es quer durch Deutschland und weitere Länder in Europa auf Tournee. »Bei uns stellt sich jede Figur dem König vor und tanzt dann auf ihren Platz«, erläutert sie. »Wir sind ein Tanzensemble.« Neben den Turnieren werden auch weltbekannte Schachpartien nachgespielt.

Ströbeck ist das Zentrum des Schachs in Europa. Ein adeliger Gefangener des Halberstädter Bischofs, der im Ströbecker Wehrturm um das Jahr 1011 festgehalten wurde, soll seinen freundlichen Bewachern das Schachspiel beigebracht haben. Erstmals schriftlich erwähnt wurde es in Ströbeck 1515. Nun soll es ins immaterielle Kulturerbe der UNESCO aufgenommen werden.

Einst war es Sitte, dass Durchreisende eine Partie gegen den Dorfschulzen spielten. Auch Preußenkönig Friedrich der Große ließ hier 1773 seine Pferde wechseln und spielte derweil eine Partie. Kathrin Baltzer führt durch das benachbarte Schachmuseum. Ich schaue mir eine Schultafel vom Schachunterricht an, der hier seit 1823 Pflicht ist. Sogar die Wetterfahne von 1877 am Kirchturm trägt ein Schachbrettmuster. Und an den Häusern von Schachturniergewinnern hängt ein Schachbrett – ein Dorf von Gescheiten.

> In Halberstadt sind neben Innenstadt und Dom zwei Museen besonders: das Heineanum für Vogelfreunde, das Gleimhaus für Literaturliebhaber.

DER REGENSTEIN BEI REGEN IST PERFEKTION,
DIE RITTERSPIELE ZIEHEN DIE MASSEN AN.

BURG UND FESTUNG REGENSTEIN /// DREI KILOMETER NÖRDLICH
BLANKENBURG /// 38889 BLANKENBURG /// 0 39 44 / 6 12 91
(GASTSTÄTTE) /// WWW.BLANKENBURG.DE UND
WWW.GASTSTAETTE-REGENSTEIN.DE ///

DES RITTERS LAST
Blankenburg – Regenstein

34

Die farbenfreudigen, feurigen Ritterspiele haben hier am Sandsteinfelsen eine glaubhafte Kulisse. Schon 1162 wurde die Burg urkundlich erwähnt, die ihre Berühmtheit rund 200 Jahre später durch den Grafen von Regenstein erlangte. Damals waren die Ritterspiele bitterer Ernst, dafür sorgte schon Graf Albrecht II. von Regenstein im 14. Jahrhundert. Heute laufe ich durch Ruinen, auf denen oben eine Fahne im Wind knattert.

Der Blick ins weite Land löst auch jetzt mühelos das Gefühl aus, sich als Feldherr zu fühlen. Preußische Generäle teilten bereits diese Aussicht, denn bis 1677 wurde die Festung zur Garnison ausgebaut. Die Kasematten im Fels erinnern daran. Die Eiche, die der Harzklub-Zweigverein Halberstadt 1895 zum 80. Geburtstag des Fürsten Otto von Bismarck pflanzte, ragt stolz in den Himmel. Der schmiedeeiserne schwarze Zaun um sie herum wirkt so gestrig wie die Anmerkung auf dem Schild, Bismarck sei Ehrenbürger von Blankenburg.

Die Gaststätte am Fels, der etwa 80 Meter abfällt, ist für ihre Schlehen-, Holunder- und Heidelbeerweine bekannt. Gegenüber verkündet ein Eishersteller »Des Ritters Rast«. Schon Johann Wolfgang von Goethe legte hier mit dem Maler Georg Melchior Kraus am 11. September 1784 eine Pause ein, sammelte auffällige Steine und genoss mit seinem zeichnenden Freund den Weitblick bei Wind.

Ähnlich geht es mir heute. Ich packe mein Zeichenheft aus. Da benetzen Regentropfen das Papier. Aber Regenstein bei Regen ist Perfektion. Selbst jetzt strahlt dieser Berg, auf dem vier Toranlagen und sieben Türme sowie ein 195 Meter tiefer Brunnen einst die Grundelemente der Macht über den Nordharz bildeten. Mehr als 300 Jahre saß hier oben die Regensteiner Grafenfamilie fest im Sattel. Zu Ostern kommen »Wikinger«, dann bricht das Pfingstspektakel aus, bevor die Ritterturniere über die Freilichtbühne gehen.

Die Falknerei gleich rechts hinter dem Tor zur Ruine zeigt von Ostern bis Oktober Flugübungen der abgerichteten Falken. www.falkenhof-harz.de

KAUFMANNSHOF /// WORD 3 /// 06484 QUEDLINBURG /// FACHWERKMUSEUM IM STÄNDERBAU /// WORDGASSE 3 /// 06484 QUEDLINBURG /// 0 39 46 / 38 28 /// WWW.QUEDLINBURG.DE ///

2.000 KLEINODE AUS HOLZ UND STEIN
Quedlinburg – Kaufmannshof

Rund 2.000 Fachwerkhäuser aus sechs Jahrhunderten – das ist einmalig. Elf davon sind sogar vor 1530 gebaut worden, weitere 70 in der Zeit bis 1620. Wohin mich die verwinkelten Gassen mit ihrem Kopfsteinpflaster auch führen, ich sehe ständig andere restaurierte Häuser. Auch Villen der Gründerzeit und des Jugendstils sind zu sehen. Der Schlossberg mit der romanischen Stiftskirche ragt auf. In der Königspfalz feierten ottonische Herrscher das Osterfest. Das Renaissance-Rathaus zieht meine Blicke an. Schon im Jahre 994 erhielt Queddelnborg, wie es auf Plattdeutsch heißt, Stadtrecht. 1.000 Jahre später nahm es die UNESCO ins Weltkulturerbe auf. Seit 2015 darf sich Quedlinburg auch Welterbestadt nennen. Diesen zauberhaften Ort haben sich schon Millionen Menschen angesehen. Es soll in den 1960er-Jahren tatsächlich Pläne gegeben haben, alles niederzuwalzen und Plattenbauten zu errichten – schauderhaft!

Die fröhliche Leichtigkeit beim Gassenbummel wird auch vom Klima unterstützt: Die Stadt an der Bode ist einer der trockensten und sonnigsten Orte im ganzen Land, oft fallen nur 440 Millimeter Niederschlag pro Quadratmeter im Jahr (in Deutschland im Mittel: 790 Millimeter). Es regnet deshalb selten, weil sich die Wolken bei vorherrschendem Westwind am Brocken ausweinen. Die sehr fruchtbaren Böden führten dazu, dass sich die Menschen hier schon vor Jahrtausenden niederließen – und blieben.

Nicht nur die Häuser und Gassen locken, auch die Menschen und Cafés. Es wird Baumkuchen gereicht. Dann schlendere ich die Gasse Word zum Adelshof und blicke mich um. Der ehemalige Kaufmannshof von 1560 strahlt in Schwarz-Weiß, ein Leitbild an Fachwerkkunst mit steilem Krüppelwalmdach. Die westliche Giebelseite ist weitgehend im Original erhalten. Gegenüber im Fachwerkmuseum im Ständerbau erfahre ich noch mehr über die Kleinode aus Holz und Stein.

- Die Lyonel-Feininger-Galerie zeigt die umfangreichen Werke des Bauhauskünstlers aus New York aus der Zeit von 1906 bis 1937. www.feininger-galerie.de

DURCH DIE HINTERHÖFE, ÜBER DEN MARKTPLATZ
Quedlinburg – Weihnachtsmarkt

Vor Weihnachten verwandelt sich der Stadtkern in eine Art Puppenstube. »Advent in den Höfen« – da sind Kunsthandwerker, Künstler und Kerzenfreunde an den ersten drei Adventswochenenden unterwegs. Ihre Produktvielfalt ist immens und ansprechend. Das bunte Treiben unter strahlendem Lichterglanz zieht sich von den historischen Hinterhöfen bis zum mittelalterlichen Weihnachtsmarkt. Schneeflocken tanzen. Die Adventskonzerte lösen einander ab. In der ältesten Kirche der Stadt, St. Blasii, die etwa 1222 errichtet wurde, ist ein Orgelkonzert zu hören. Der Mädchenchor Wernigerode tritt traditionell am ersten Advent auf. Die Saalkirche, ab 1711 im Barockstil umgebaut, mit original Holzbänken aus dem 16. Jahrhundert, gehört der Stadt und wird ausschließlich für Konzerte und andere Veranstaltungen genutzt.

Auf dem Weihnachtsmarkt wechseln die Gerüche und Angebote. Die echte Thüringer Bratwurst konkurriert mit dem original Mutzbraten. Der Schweinebraten wird in Birkenholzrauch gegart. Auch bis zur Quedlinburger Dampfnudel ist es nicht weit. Dazwischen lachen Menschen in Vorweihnachtsfreude. Das Treiben ist kurzweilig, die Zahl der Gäste immens. Sie kommen von weit her. »Wir haben auch sehr viele ausländische Gäste«, verrät eine Stadtführerin, die ihren Zuhörern gerade mit englischen Erklärungen den leuchtenden Charme ihrer Heimat näherbringt. Diese kleinteilige Gemütlichkeit ist für New Yorker etwas, was ihre Vorstellung von »good old Germany« erfüllt. Dazu passt auch das Mitteldeutsche Eisenbahn- und Spielzeugmuseum mit seinen filigranen Objekten. Und wer hätte nicht schon einmal gern gewusst, wie die Kinder um 1900 spielten und vor allem, womit. Durch die vollgestellten Räume schieben sich viele Besucher, das Haus liegt gleich neben der St.-Blasii-Kirche.

> Stadtrundfahrten mit der Bimmelbahn dauern 45 Minuten und sind sehr unterhaltsam, Start: Haltestelle Marktstraße.
> www.quedlinburger-bimmelbahn.de

DIE GASSEN DURCH DIE NÄCHTLICHE LUTHERSTADT EISLEBEN FÜHREN ZUM RATHAUS AM MARKT, DIE LATERNEN TAUCHEN DAS SEITLICHE SANDSTEINPORTAL VON 1516 IN WARMES LICHT.

WENIG LOS FÜR DIESE TRAGWEITE

*Lutherstadt Eisleben –
Taufbecken und Geburtshaus Martin Luthers*

Alles fließt. Das ist sehr selten in einem Gotteshaus: Die St.-Petri-Pauli-Kirche in der Lutherstadt Eisleben im östlichen Harzvorland hat vor dem Altar ein in den Fußboden eingelassenes Taufbecken – mit ständig bewegtem Wasser. Ein Kind sitzt am Rand und schaut in einen kleinen Strudel. Eine kurze Stahltreppe, die hinab ins warme Wasser führt, wurde heute morgen eingehängt. Der Boden davor ist noch feucht, denn gerade ist ein Junge in diesem Wasser getauft worden. Nun herrscht Stille. Die Szene bewegt mich. Das liegt am fließenden Wasser. Ich schaue hinein und die Gedanken fließen.

Auch Martin Luther ist hier getauft worden, am Martinstag, einen Tag nach seiner Geburt. Ein historischer Taufstein erinnert daran. Der Reformator ist nur wenige Meter von hier am 10. November 1483 geboren worden. In seinem Geburtshaus, das als eine der Luthergedenkstätten der Stadt zum UNESCO-Weltkulturerbe gehört, lässt sich der Beginn einer ungeahnten Karriere nachvollziehen. Gäbe es einen Personenkult in der evangelischen Kirche, würde hier der Gründer einer neuen Theologie mit großen politischen Auswirkungen gefeiert. Doch allenfalls im Lutherjahr 2017 – 500 Jahre nach dem Anschlag seiner 95 Thesen an die Wittenberger Schlosskirche – ist hier mit einem Ansturm an Besuchern zu rechnen. Dabei hatte Luther keinesfalls die Gründung einer neuen Glaubensrichtung im Sinn. Ihm missfiel wie vielen damals der Ablasshandel der katholischen Kirche. Mit Geld konnte man sich von Sünden freikaufen. Luther wandte sich auch gegen die kirchlich geschürte Angst vor dem Fegefeuer und er fragte keck (These 86): Warum baut der reiche Papst nicht wenigstens den Petersdom von seinem Geld?

An diesem Sonntag bin ich der einzige Gast im weitläufigen restaurierten Geburtshaus. Da gibt es ein paar Überraschungen zu lesen: Bis etwa 1512 hieß der Sohn eines wohlhabenden Grubenbesitzers und Bergmanns Martin Luder oder Lüder. Dann erst benannte er sich in Luther um. Ein weiser Schritt, denn ein Luder als Gründer einer Kirchengemeinschaft hätte sicher keinen guten Klang. Auch wenn er es anders darstellte, Luther gehörte zur gut betuchten Bildungsoberschicht seiner Zeit. Seine Eltern Hans und Margarethe Luder hatten genug Geld, um ihn zur Pfarrschule zu schicken, wo er fließend Latein lernte. Dann legte er an der Universität Erfurt seinen »Magister artium« ab und studierte danach auf Wunsch des Vaters Jura. Doch »alles fließt«, denn der 21-Jährige ging heimlich in ein Kloster bei Erfurt und erhielt bald schon die Priesterweihe. 1512 wurde er zum Doktor der Theologie promoviert. In Briefen, die in seinem Geburtshaus liegen, ist über den Konflikt mit seinem Vater zu lesen. Der stand seinem Priestertum zunächst kritisch gegenüber.

Lustig wird es, wenn eine elektronische Verjüngung die Eltern sekundenlang auf einem Monitor zu Jugendlichen macht. Da schaue ich immer wieder hin. Anhand eines Gemäldes von Lucas Cranach dem Älteren von 1527 sind die Gesichter Hans' und Margarethes durch eine Bildbearbeitung in ihre Jugend versetzt worden. Das ältere und jüngere Bild erscheinen abwechselnd auf dem Bildschirm. Alles fließt.

Bevor Martin Luther 1525 Katharina von Bora heiratete, übersetzte er im Herbst 1521 als »Junker Jörg« auf der Wartburg das Neue Testament in elf Wochen ins Deutsche. Die Kopie von Katharina von Boras Trauring liegt hier in Luthers Geburtshaus unter Glas. Seine Heirat zeigt auch, dass er den Zölibat ablehnte. Mit seiner Frau hatte Luther drei Töchter und drei Söhne. Viele ihrer Nachkommen haben sich als Lutheriden-Vereinigung in Zeitz (Sachsen-Anhalt) organisiert und verwenden das Siegel Martin Luthers – die Lutherrose mit einem schwarzen Kreuz im roten Herzen und fünf weißen Rosenblättern.

- Das Theatersommerfest zum Ende der Spielzeit ist wegen seiner lockeren Atmosphäre und kleinen Darbietungen beliebt. www.theater-eisleben.de

ALS MARTIN LUDER WURDE DER SOHN EINES MINENBESITZERS HIER GEBOREN, DIE AUSSTELLUNG GIBT WEITERE EINBLICKE IN SEIN LEBEN.

MARTIN LUTHERS GEBURTSHAUS /// LUTHERSTRASSE 15 /// 06295 LUTHERSTADT EISLEBEN ///

TOURIST-INFORMATION /// HALLESCHE STRASSE 4 /// 06295 LUTHERSTADT EISLEBEN /// 0 34 75 / 60 21 24 /// WWW.EISLEBEN.EU ///

»NIMM MEIN SEELCHEN ZU DIR!«
Lutherstadt Eisleben – Marktplatz

Wer am Denkmal Luthers auf dem Marktplatz steht, das schon 1883 errichtet wurde, ist dem Sterbehaus näher, als er denkt. Weil ein Stadtarchivar die Häuser verwechselte, pilgern die Menschen seit Jahrhunderten zum falschen Sterbehaus. Das tatsächliche befindet sich am Markt und beherbergt heute ein Hotel. Doch wäre Martin Luther diese Nachbarschaft sicher auch recht gewesen: eine Bäckerei, ein Arzt, eine Apotheke, ein leerer Friseur- und ein ehemaliger HO-Laden sowie die Schwangerschaftsberatung von »pro familia«. Luther starb an seinem Geburtsort, weil er von den Grafen von Mansfeld als Vermittler in einem Familienstreit bestellt worden war und auf dem beschwerlichen Weg von Wittenberg dorthin schon einen Schwächeanfall erlitten hatte. Seine drei Söhne waren bei ihm, als er am 17. Februar 1546 einen Herzinfarkt hatte und am Tag darauf starb. Einer von ihnen, Paul Luther, später Mediziner und Leibarzt des Herzogs von Sachsen, versorgte ihn.

»Nimm mein Seelchen zu dir!«, soll Martin Luther auf dem Sterbebett gesagt haben. Einen Priester oder eine letzte Ölung lehnte er ab. Seit ein paar Monaten war er auf einem Auge blind. Zudem hatte er schon früher häufiger an Magenschmerzen, Schwindelanfällen und Tinnitus gelitten. Gicht plagte ihn. Die hohe physische und psychische Belastung seines Lebens hatte ihre Spuren hinterlassen.

Ein Rundgang durch das Sterbehaus beeindruckt. Luthers ursprüngliches Bett wurde zwar verbrannt, da Besucher sich Teile davon als Souvenir mitgenommen hatten, aber Kaiser Wilhelm I. ließ alles nachbauen. Die Ausstellung regt auch dazu an, über das Sterben und letzte Wünsche nachzudenken. Wer sich gern überraschen lässt, sollte das Klapp-Türchen »Was sind Sterbesakramente?« öffnen: Er findet eine Dose Red Bull. Das verleiht Flügel und führt einen wieder hinaus zum Marktplatz.

> Im eigentlichen Sterbehaus lässt sich heute gut einkehren: Hotel *Graf von Mansfeld*, Markt 56, 06295 Lutherstadt Eisleben. www.hotel-eisleben.de

ALS MADAME DE FÉLIGONDE IHREN VERWUNDETEN MANN RETTETE
Sangerhausen – Europa-Rosarium

Kenner kommen im Winter. Dann hat die Rose Ruhe. Es lässt sich in der Rosenschule viel über den richtigen Rosenschnitt lernen: leicht schräg und knapp einen halben Zentimeter über einem Auge. Das ist die grüne Knospe am Trieb. Zudem ist die weltgrößte Rosensammlung im Sommer kaum zu überblicken. 8.500 blühende Sorten buhlen um Augen und Nasen der Besucher. Seit 1903 wird in der früheren Bergbaustadt zwischen Harz und Kyffhäusergebirge Rose um Rose gepflanzt, neu gezüchtet und veredelt. Von 1,5 Hektar damals ist die Fläche auf 13 Hektar gewachsen.

»Schwarzer Samt« und »Expreß« aus Dresden stehen nahe am »Rosenfest« aus Langensalza. Ich sehe »Moonlight« und »Penny Lane« ohne Blätter. »Maritim« wirkt etwas bedrückt, und »Aloha« ist ziemlich vertrocknet. Dann stoße ich auf »Ghislaine de Féligonde« von 1916. Diese französische Kletterrose wird bald ihre Betrachter in Blass-Apricot anlächeln, ihre Blüten mit goldgelben Staubgefäßen füllen und moschusartig duften. Ihr Name erinnert an eine Frau, die ihren Mann im Ersten Weltkrieg aus den feindlichen Linien rettete, als er dort verwundet am Boden lag. Chapeau! So eine Retterin als Rose hätte ich auch gern im Garten. Sangerhausen ist ein Genpool für alte und seltene Rosensorten.

Bei wem eher die Fantasie blüht als der eigene Rosengarten, dem sei ADR empfohlen. Jede Rose, die dieses Prädikat trägt, hat die Allgemeine Deutsche Rosenneuheitenprüfung bestanden. An elf Standorten hat sie ihr Wachstum bewiesen, drei Jahre Frosthärte und Blattgesundheit demonstriert und ist nun im Sangerhäuser ADR-Garten zu bestaunen. 122 robuste Rosensorten imponieren dem pflanzwilligen Rosenkavalier. Vielleicht werde ich Rosenpate, 35 Euro im Jahr für eine Rose hier im Rosarium wären drin. 500 Euro kostet die Jahrespflege für ein Beet. Ich komme im Mai wieder, wenn die Wildrosen blühen.

> Das 123 Meter lange und 14 Meter hohe Rundbild »Frühbürgerliche Revolution in Deutschland« in Bad Frankenhausen ist überwältigend. www.panorama-museum.de

AM KUHKOPF /// 06485 QUEDLINBURG-GERNRODE ///
GERNRODE-INFORMATION /// MARKTSTRASSE 20 ///
06485 QUEDLINBURG-GERNRODE /// 03 94 85 / 9 30 22 ///
WWW.QUEDLINBURG.DE ///

ZÜNDENDE KÖPFE
Quedlinburg-Gernrode – Waldweg

(40)

Auf einem Waldweg südlich von Gernrode blicke ich auf einen Holzstapel. Er trägt einen weißen Hut, denn es ist Schnee gefallen. Entlang der Wanderwege durch den Harz finden sich vielerorts diese aufgeschichteten, etwa meterlangen Baumteile. Sie warten auf den Abtransport ins Sägewerk. Aus Fichten und Kiefern werden meistens Möbel hergestellt. Doch dieser Stapel bei Gernrode erinnert mich an Zündhölzer.

Bis 1927 wurden die Anzünder mit dem Schwefelkopf in der Gemeinde gefertigt. Sie war neben Fabriken in Benneckenstein, Wieda und Sankt Andreasberg eines der Zentren für Zündhölzer in Deutschland. Friedrich Moldenhauer, 1797 in Gernrode geboren, gründete hier 1834 seine Fabrik. Der Erfinder war Apotheker und Chemiker und experimentierte an der Mischung der roten Köpfchen. Die ersten mit Schwefel getränkten Kiefernhölzer gab es schon 950 in China. Der Brite John Walker entwickelte 1826 das erste moderne Streichholz. Moldenhauer band den stechenden Geruch des brennenden Schwefels und Phosphors mit Magnesium. Die Nebenwirkungen der Fabrikarbeit waren nicht ohne, und bei einigen Arbeitern setzte eine Phosphor-Nekrose ein: das Absterben des Unterkieferknochens, der mit Zahnschmerzen begann. Enorme Mengen verließen die Zündholzfabrik in Gernrode. Fünf Tonnen der kleinen, federleichten Hölzchen produzierten die fleißigen Hände in der Zeit um 1840 jedes Jahr.

Eine Normschachtel um 1903 enthielt 50 bis 60 Stück und ging für 0,5 Pfennig in den Handel. Der verkaufte sie für 2 Pfennig pro Schachtel. Hübsch anzuschauen sind die alten Etiketten. Sie zeigen »Gero-Hölzer« oder Sicherheitszündhölzer von »Otto Laddey Gernrode am Harz«. Ich erinnere mich an Zündhölzer aus den 70er-Jahren. Sie wurden als »Haushaltsware« oder »Welthölzer« bis 1983 nur von der Deutschen Zündwaren-Monopolgesellschaft verkauft.

✎ Harzer Schnitzer am Werk – in der Schauwerkstatt und dem kleinen Holzmuseum in der Gernröder Straße lohnt es, sich umzusehen. www.harz-schnitzerei.de

»FÜR DICH, HANS, IMMER NOCH ›DIE ALTE SAU‹!«
Thale – DDR Museum

41

»Stühle wie bei uns früher, und die Tischdecken!«, ruft Sieglinde Freiburg, die mit ihrer achtjährigen Enkelin Vanessa durch das DDR Museum in Thale geht. 21 Räume zeigen den Alltag des ostdeutschen Lebens von 1949 bis 1989 wie auf einem Zeitstrahl. Im sechsten Stock eines Möbelhauses haben sich die Initiatoren alle Mühe gegeben, einen neutralen Blickwinkel einzunehmen. »Es geht nicht um Honecker-Kult, sondern die Wohn- und Alltagskultur«, betont Inhaber Frank Müller. Die Besucher sind begeistert.

»Da ist ›Horch und Guck‹, das war die Stasi«, sagt Großvater Herbert zu Vanessa. An der Wand hängt eine Einlieferungsanzeige vom 3. März 1989, also ein halbes Jahr vor der Wende. Unter dem »dringenden Verdacht des versuchten ungesetzlichen Grenzübertritts im schweren Fall« wurde ein Mann ganz hier in der Nähe festgenommen und inhaftiert. Auch da zeigt sich der tiefe Eingriff des Staats ins Leben der Bürger. In einem anderen Raum laufen Heimwerker-Spots aus dem DDR-Fernsehen, die für das Buch »Du und Deine Wohnung« werben. Es hängt Unterwäsche zum Trocknen in einer typischen Küche. Monströse High-Tech aus DDR-Produktion ist zu bewundern. Klassenzimmer und Kantine sind mit »volkseigenen« Erzeugnissen versehen.

Herzhaft lachen lässt sich über eine in Zimmer 12 zum Thema Urlaub wiedergegebene Episode vom FKK-Strand an der Ostsee: Kulturminister Johannes R. Becher (1891 – 1958) ist Gegner der Freikörperkultur, die sich ab den 1950er-Jahren in der DDR verbreitet. Er entdeckt eine nackte Frau, die ihr Gesicht mit der Zeitung »Neues Deutschland« zudeckt, und schreit sie an: »Schämen Sie sich nicht, Sie alte Sau?« Als Becher der angesehenen Schriftstellerin Anna Seghers (1900 – 1983) bald darauf in Berlin den Nationalpreis überreicht und seine Laudatio mit »Meine liebe Anna« beginnt, erwidert sie deutlich hörbar: »Für dich, Hans, immer noch die ›alte Sau‹!«

> Die Teufelsmauer ist einen Spaziergang wert: Der markanteste Teil befindet sich südlich von Weddersleben und zieht sich bis Warnstedt.

MYTHENWEG, SKULPTUR NR. 3 DER BERGMÖNCH ///
BAHNHOFSTRASSE / PARKSTRASSE /// 06502 THALE ///

BODETAL-INFORMATION /// BAHNHOFSTRASSE 1 /// 06502 THALE ///
0 39 47 / 7 76 80 00 /// WWW.BODETAL.DE ///

NECKISCH HÜTET ER DEN GLÜHENDEN SCHATZ
Thale – Mythenweg

Sie fasziniert: die nur handgroße, neckisch dreinblickende Bronzefigur am Fuße eines Steins am Busbahnhof Bahnhofstraße in Thale. Oben hämmert ein Bergmönch seinen Schlägel auf das Eisen und erinnert so an die Bergbauregion und ihre Sagen. Unten hockt dieser Zwerg mit Riesenohren, Kinnbart und einer Art Federboa. Das behelmte Wesen legt seinen Arm um ein rotglühendes Steinchen, das es zu hüten scheint wie einen Schatz.

Die Skulptur ist Teil des Mythenweges, der sich von der Talstation der Kabinenbahn, die hinauf zum Hexentanzplatz führt, bis zum Breiteweg hinter dem Markt zieht. Thale ist eine Kleinstadt am Bodetal mit rund 18.000 Einwohnern. Seit 2004 setzen Künstler hier Figuren und Symbole der germanischen Götterwelt in Szene. Wotans Pferd Sleipnir, der Wasserriese Ägir, die Midgardschlange oder auch der Welteber sind vertreten. Doch der Bergmönch als naher Verwandter der Zwerge, als entfernter Cousin Rübezahls, Freund von Zwergenkönig Hübich aus Bad Grund und Botschafter der norwegischen Trolle hat es mir angetan. Dieses kecke Menschlein verkörpert all den Schalk, den die Mythen beschreiben. Bergmönche führten arme Bergleute zu reichen Erzgängen und straften kaltherzige Steiger gnadenlos ab, indem sie Gestein herabpurzeln ließen. Sie waren ein wenig der »Robin Hood« der Harzer Unterwelt. Sie gaben den Armen und nahmen den Reichen. Sicher ist der Troll auf dem Weg, seinen Schatz einem wegen seiner Staublunge ständig hustenden Bergmann zu schenken.

Die Eisen- und Stahlerzeugung in Thale hatte Tradition, die 1445 begann. Friedrich der Große besaß die Eisenhütte zeitweilig. Das »RST« oben am Schutzhelm des Zwergs erinnert an einen heutigen großen Arbeitgeber, die »Recycling Sanierung Thale«. Die kleinen Wesen sind wohl auf der Höhe der Zeit.

Abtauchen, Saunawelt, Panorama-Spa, Massagen liefert die Bodetal Therme Thale, Parkstraße 4, 06502 Thale, Tel. 03947/77 84 50, www.bodetal-therme.info

HIER IST DER TEUFEL LOS
Thale – Hexentanzplatz und Bodetal

Am 30. April ist hier oben alles wie verhext: Die größte Walpurgisnachtfeier in Deutschland geht über die Showbühne. Laser peilen durch den Himmel, Live-Bands rocken, und Tausende verkleidete Hexen und Teufel verwandeln den Hexentanzplatz oberhalb von Thale in einen Hexenkessel. Besen, Zauberhüte und Teufelshörner sind in einer Vielfalt zu bewundern wie sonst nirgends. Die Teufelsshow mit Höhenfeuerwerk vertreibt den Winter endgültig, der sich in den Harzer Höhen bekanntlich lange hält.

Das 454 Meter hohe Plateau liegt gegenüber der Roßtrappe. Sie war wohl wie der Hexentanzplatz schon zur Zeit der Germanen ein Kultplatz. Wer jetzt mit der Kabinenbahn von Thale aus bequem zum Hexentanzplatz gefahren ist, erlebt nicht nur das älteste Naturtheater Deutschlands, das Harzer Bergtheater mit 1.350 Plätzen. Er sieht auch das Museum in der Walpurgishalle, wo die Szenen aus Goethes Faust auf fünf Bildern des Malers Hermann Hendrich lebendig werden. Drollig sind auch die Plastiken auf dem Hexentanzplatz. Da sitzt ein Homunkulus, eine Hexe schiebt einen Stein, ein Teufel hat keck in der Mitte einer Reihe aus Findlingen obenauf Platz genommen.

Und dann der Blick hinab ins Bodetal! Die rund zehn Kilometer lange Schlucht zwischen Treseburg und Thale ist ein Nationaler Geotop, eines der ältesten und größten Naturschutzgebiete Sachsen-Anhalts und wildromantisch. An den ausladenden Schleifen der Bode entlangzuwandern, ist Hochgenuss. Hier krallen sich alte Buchen in den Fels, da zieht sich ein Netz aus Färberginster, Straußgras und Fetthenne über den Granit. Feuersalamander huschen über den Weg. Bachforellen tanzen. Sogar von Roßtrappe und Hexentanzplatz aus lässt sich der Wanderweg im Bodetal erreichen – ein traumhaft schöner Pfad, exklusiv für Wanderer, denn für Reiten und Radfahren ist die Schlucht zu eng.

- Bau-Spiel-Haus: Für Kinder stehen Rutsche, Kletterparcours und -turm sowie Riesenbausteine bereit – und eine Hexenwerkstatt. www.spielhaus-thale.de

FREIBIER GIBT'S MORGEN
Thale-Wendefurth – Seeterrasse

Im Ruderboot über den Stausee Wendefurth zu gleiten, das ist das kleine Glück. Die Sonne verwandelt die Mini-Wellen in ein silberblaues Mosaik. Unter dem ausgeliehenen Boot küssen sich die Fische. Es ist eine Reise im Kreis, denn wir müssen das gute Stück wieder abgeben, aber sie wird am Ende gut belohnt. Erst schnuppern wir etwas an den Ecken und Enden des seit 1967 gefüllten Stausees, der unterhalb der Rappbodetalsperre liegt und so zahlreiche Aufgaben hat. Wenn es viel regnet, sammelt er das Wasser, damit die Orte der Bode nicht »Land unter« melden. Er ist das Unterbecken für das Pumpspeicherwerk nebenan, empfängt gern Badegäste und dient Fischen als Heimat. Genau das reizt uns.

Nach unserer Runde, bei der wir noch einem großen, motorgetriebenen Floß mit johlenden Menschen begegnen, machen wir Rast in der *Seeterrasse zum Hecht*. Das ist ein schwimmendes Lokal, das Forellen und Aale räuchert. Man kann sie dort kaufen und mitnehmen, wofür sich gerade am Verkaufshäuschen eine lange Schlange gebildet hat. Wir kehren lieber im Restaurant ein und bestellen Räucherforelle frisch aus dem Ofen. Ein Genuss! Dazu gibt es gratis den Blick auf einen Teil der 78 Hektar großen Wasserfläche, die Paddel- und Tretboote und die Theke. Dort ist zu lesen: »Freibier gibt's morgen.« So lautet die immerwährende Ankündigung, die uns schmunzeln lässt. Sie klingt großzügig und zeitnah, hat aber diesen Hauch von Ewigkeit, denn sie wird immer unerfüllt bleiben. So viel Alltagsphilosophie war gar nicht zu erwarten.

Wanderer, die auf dem Harzer Hexenstieg unterwegs sind, lassen sich zur Rast nieder. Auch sie bestellen geräucherte Forellen. Das schwimmende Lokal ist eine Attraktion, selbst wenn das mit dem Freibier in absehbarer Zeit sicher nichts wird.

Die Harzer Urania beantwortet alle Fragen zum Talsperrensystem und zur höchsten Staumauer Deutschlands. www.harzer-urania-wernigerode.de

50 SEKUNDEN GLÜCK AM DRAHTSEIL
Rappbodestausee – Megazipline

Die Schlange der Abenteurer an diesem sonnigen Herbsttag vor dem Silberstahlturm am Rappbodestausee ist lang. Alle wollen einen Drahtseilakt der besonderen Art ausprobieren – Kopf voran, eingeschnürt in eine Halterung, die oben am langen Seil über Rollen befestigt ist, auf eine pfeilschnelle Reise gehen. Sie ist einen Kilometer lang. Es sind nur Sekunden bis zum Start.

Der »Flying Fox« ist die größte Doppelseilrutsche in Europa. 120 Höhenmeter überfliege ich gleich. Die Einweisung ist klar und kontrolliert. Ich habe das Sicherheitsgeschirr um, einen schwarzen Helm auf, die Skibrille gegen Fahrtwind sitzt. Ich greife mit beiden Händen hinter mich und halte mich am Geschirr fest. Adrenalin pur, das ist kein Witz. Ich bin aufgeregt, kann aber lächeln. Am zweiten Drahtseil neben mir hängt auch jemand. Wir rauschen jetzt gemeinsam in die Tiefe. Körper angespannt halten, waagerecht. Der Haken öffnet, und schon rasen wir hinab, sehen das Wasser des Wendefurther Sportbeckens näher kommen. 85 Stundenkilometer schnell werden wir - unglaublich!

Mein Nachbar trägt am Helm eine Kamera, kreischt und filmt seinen Freiflug durch den Ostharz. Wahnsinn! 50 Sekunden Glücksgefühl lassen sich später zu Hause beliebig oft wiederholen. Es ist ein gesichertes Glück, denn alles ist TÜV-geprüft, die Einweisung perfekt, im Wasser kreist sogar ein Motorboot mit Rettern. Doch die kamen noch nie zum Einsatz. Es geht jetzt bergauf. Wir sind am Ziel und haben wieder festen Harzer Waldboden unter den Füßen. Ein Pendelbus bringt uns zurück zum Turm, denn wir wollen gleich noch einmal fliegen. Es ist ein grandioses Gefühl, vogelfrei zu sein. Der Kick erfreut. Und Alter schützt nicht vor Herzrasen, der älteste Flieger war 85 Jahre alt und hatte einen Riesenspaß.

Für Mutige hat derselbe Anbieter ein paar Kilometer weiter das Wallrunning an einer Staumauer hinab im Angebot (nächste Seite) – hier zählt Langsamkeit.

DIE WENDEFURTHER STAUMAUER GEHT ES BERGAB – ZIEL IN 43 METERN TIEFE IST DIE KLEINE GRÜNE PLATTFORM.

HARZDRENALIN /// BRUCHSTRASSE 1 /// 38875 OBERHARZ AM BROCKEN, ORTSTEIL ELBINGERODE /// WWW.HARZDRENALIN.DE ///

GANZ LANGSAM IN DEN ABGRUND
Wendefurth – Wallrunning

Fassadenkletterer haben leichtes Spiel. Fensterputzer für Hochhäuser sind so etwas gewohnt. Doch ich gehöre zu den normalen Fußgängern. Diesmal allerdings geht es senkrecht die Wand hinab. Wir sind beim Wallrunning in Wendefurth. 43 Meter Staumauer liegen vor mir. Dazu hänge ich gleich waagerecht in der Luft, werde an fünf Stellen im Rücken und an den Knien von einem Seil gehalten und gehe im eigenen Tempo Schritt für Schritt hinab. Mit den Händen ziehe ich mich an einem weiteren Seil hinab, kann jederzeit anhalten. Mit »running« hat das nichts zu tun. Die Füße drücken gegen die Staumauer. Der Blick führt in die Tiefe.

Abgründe überwinden. Spiderman spielen. Ich erinnere mich an den Sparwitz: Gestern standen wir noch vor dem Abgrund, heute sind wir einen Schritt weiter. Die Pforte öffnet sich. Ich trage ein gepolstertes Geschirr, bin verschnürt und habe so betrachtet ein kalkulierbares Risiko vor mir. Die kleine grüne Plattform da unten ist mein Ziel. Schritt für Schritt verliere ich an Höhe. Die Zuschauer oben johlen. Sobald die ersten Meter geschafft sind, wirkt alles sehr schnell wie Routine. Die kleine Welt, wie sie von oben aussah, wird langsam größer. Die grünen Tannen rechts sind doch nicht so klein, wie ich dachte. Hinter mir drücken die Wassermassen gegen die Mauer. Sie gibt mir Halt. Meine Füße gehen die graue Staumauer hinab, schon ist der halbe Weg geschafft, schon steigen Gerüche von Wald und Wasser in meine Nase. Ein Lüftchen weht. Ich blicke den Helfer an, der mich unten erwartet. Hier geht es um Langsamkeit und dabei ständig die Sicherheit des Seils zu spüren. Ich werde noch mutiger und mache ein paar Hüpfer, stoße mich von der Wand ab und lande wieder auf den Füßen.

Für die Zuschauer oben sieht das aus wie die Hopser der Astronauten auf dem Mond, wie sie später erzählen. Ich winke von unten hoch – geschafft!

Ganz in der Nähe gibt es geräucherte Forellen und Aale zu kaufen, speisen lässt sich in der Seeterrasse, einem schwimmenden Lokal im Stausee.

HOLZKOHLE HERZUSTELLEN GEHÖRT ZU DEN ÄLTESTEN HANDWERKSTECHNIKEN. HIER KANN JEDER BEI DEM RAUCHIGEN GESCHÄFT ZUSCHAUEN.

HARZKÖHLEREI STEMBERGHAUS /// STEMBERGHAUS 1 /// 38899 HASSELFELDE /// 03 94 59 / 7 22 54 /// WWW.HARZKOEHLEREI.DE ///

ES GEHT IMMER NUR UM KOHLE – »GUT BRAND!«

Hasselfelde – Harzköhlerei Stemberghaus

Ein paar Holzscheite gut aufzustapeln und die Kunst des Feuermachens – das beherrschte schon der Höhlenmensch. Die Köhlerei aber ist weitaus anspruchsvoller und gehört zu den ältesten Handwerkstechniken. Die Ursprünge liegen in der Eisenzeit um 450 v. Chr. Seit 2014 gehört die Köhlerei sogar zum immateriellen Kulturerbe Deutschlands. Und das erste Köhlereimuseum in Deutschland steht gerade vor uns – nördlich von Hasselfelde an der B 81 Richtung Blankenburg.

Holzkohle wurde auch im Harz in großen Mengen benötigt, und zwar, um die Erze zu verhütten. Dazu wurde Holz geschlagen und dann verkohlt. Die Kunst bestand darin, das Holz nicht in hellen Flammen lodern zu lassen, sondern in sechs bis acht Tagen bei geregelter Sauerstoffzufuhr durch Dosieren des Windzugs langsam bei einem Schwelbrand in Holzkohle zu verglimmen. Als kegelförmiger Hügel, abgedeckt mit Erde und Moos, sowie mit dem Feuerschacht in der Mitte sieht der Erdmeiler in Stemberghaus aus wie in alter Zeit. Der Köhler ruft laut »Gut Brand!« und zündet das Holz an. Das ist hier manchmal live zu sehen. Jedes Jahr werden so mühevoll noch rund 50 Tonnen Buchenholzkohle hergestellt.

Wer sich im kleinen Köhlereimuseum umschaut, findet viele Details vom einsamen und rauchigen Leben des einst verruchten Berufsstandes. Es ist beeindruckend, wie Generationen von Köhlern früher quer durch den Harz aktiv waren. Sie wachten am Meiler, denn das Feuer musste ständig beobachtet und in nicht zu großer oder kleiner Glut gehalten werden. Das erkannten die Köhler am Rauch, der aufstieg.

Heute singt dazu die Köhlerliesel. Das Restaurant Köhlerhütte nebenan ist ein Sammelpunkt für Musikfans. Da treten die Spinnesänger auf. Es kommt zum lustigen Abend mit Zithermusik. Auch bei Brunch oder Grillabend treffen sich gern Jung und Alt. Harzer Tradition lebt hier auf.

- Das Restaurant Köhlerhütte feiert am ersten August-Wochenende Köhlerfest, am 1. Mai Oldtimertreffen und die ersten drei Adventswochenenden Köhlerweihnacht.

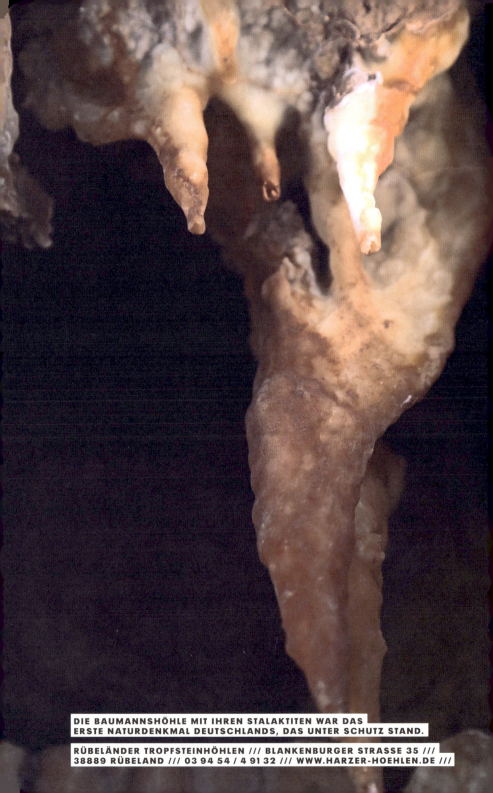

DIE BAUMANNSHÖHLE MIT IHREN STALAKTITEN WAR DAS ERSTE NATURDENKMAL DEUTSCHLANDS, DAS UNTER SCHUTZ STAND.

RÜBELÄNDER TROPFSTEINHÖHLEN /// BLANKENBURGER STRASSE 35 /// 38889 RÜBELAND /// 03 94 54 / 4 91 32 /// WWW.HARZER-HOEHLEN.DE ///

ZWISCHEN TROPFSTEIN UND GROTTENOLM
Rübeland – Baumanns- und Hermannshöhle

48

Sie waren einst begehrtes Sammelobjekt: die hängenden Tropfsteine oder Stalaktiten in der Baumannshöhle in Rübeland südlich von Wernigerode. Schon seit 1649 wird die älteste Schauhöhle Deutschlands von Besuchern nahezu überrannt. Das wurde dem Braunschweiger Herzog Rudolf August (1627 – 1704) zu bunt. Er stellte die Höhle als erstes Naturdenkmal in Deutschland unter Schutz und ließ 1688 eine Tür am Zugang einbauen.

Wer sich heute durch die Gänge bewegt, kann die Vielfalt der Tropfsteine bewundern, die so erhalten blieben. Der berühmte Kupferstecher Matthäus Merian der Ältere fertigte die heute älteste Darstellung des Innenlebens der Höhle an. Sie war damals neben dem Brocken die größte Harz-Attraktion. Berühmt ist der Goethesaal, eine einmalige unterirdische Naturbühne mit eindrucksvoller Akustik. Nur etwa 300 Meter entfernt liegt die Hermannshöhle, die erst 1866 entdeckt wurde, aber als erste der Region 1890 elektrisches Licht erhielt. Auch hier finden sich bizarr geformte Tropfsteine in großer Vielfalt. Die Kristallkammer funkelt bizarr. Was mich aber noch mehr fasziniert, sind die Grottenolme. Die ersten waren 1932 aus Istrien östlich der Adria, wo sie im Karst leben, in die Rübeländer Höhle verfrachtet worden. Sie tummeln sich hier im Olmensee bei sieben Grad. Diese geblich-weißen, larvenförmigen Schwanzlurche sehen etwas befremdlich aus, doch gerade das macht den Reiz aus. Sie atmen durch Lungen, weshalb sie auftauchen müssen. Ihr schlangenartiges Schwimmen zu verfolgen, ist ein Erlebnis, dessen Bilder im Gedächtnis bleiben. Sie erinnern an Wesen einer fernen Unterwelt und werden angeblich bis zu 100 Jahre alt.

Doch ich komme vorher wieder, wenn die Höhlenfestspiele laufen. Ach, Moment, heute ist doch »Rotkäppchen« in der Baumannshöhle zu sehen, nichts wie hin! Die Kulisse und Raumatmosphäre sind einmalig.

- Aufführungen unter Tage haben ihren besonderen Reiz, hier sind die Festspiele stimmungsvoll dargeboten.
  www.harzer-hoehlenfestspiele.eu

WO HUGO LEICHTSINNIG STARB
Hasselfelde – Pullman City

(49)

Knarrende Saloontüren, ein »Wanted«-Schild für den eigenen Kopf zum Hineinstecken und aufregende Reit-Rodeo-Shows – 100.000 Quadratmeter Wilder Westen aus der Mitte des 19. Jahrhunderts treffen die sanften grünen Hügel des Ostharzes. Was für ein Kontrast! Es ist ein Themenpark mit Tieren. Reitende Kinder sind zu sehen. Bogenschießen und Grillen werden angeboten. Ich schaue mir die Tafeln über die Mythen der Indianer an. Dazu kann ich die Sattlerei, den Juwelier, Zahnarzt und Schmied besuchen. Auch das Steak House von Buffalo Bill, die Kirche und der nächste Sheriff sind nicht weit. Kinder üben sich im Goldwaschen und steigen dann später bei einer ihrer nächsten Aktivitäten über ein Treppchen in die Steigbügel der höheren Pferde zum Ausritt. Andere ziehen die Kutschfahrt vor. Wild Girls zeigen ihre Trickreitshow. Spaß und Mitmachen stehen im Vordergrund in dieser Westernwelt. Die ersten als Squaw und Cowboy verkleideten Kinder laufen über den Abenteuerspielplatz. Es herrscht fröhliches Wildwest-Treiben vor der Harzkulisse.

Hier leben sogar Bisons. Damit die Wildrinder mit ihren Hörnern niemanden aufspießen, steht am Zaun eine eindringliche Warnung neben dem Fütterverbotsschild. Hugo Leichtsinnig, Werner Sorglos und Egon Übermütig ruhen für immer am Zaun der Weide, wie zu lesen ist. Offenbar hatten sie sich zu weit über die Absperrung gebeugt. Hier tot über dem Zaun hängen möchte ich nicht, denke ich mir. Trotzdem nehme ich noch zwei andere Angebote wahr: Gestalten Sie Ihren eigenen Steckbrief – das kommt zuerst, dann geht's zum entspannten Tomahawk-Werfen. Das endet für mich jedenfalls unfallfrei. Der Reiz der Anlage liegt im Eintauchen in eine ganz andere, entfernte Welt. Es ist etwas Nostalgie, etwas Kindheitserinnerung aus dem Fernsehen und ein Schuss Lagerfeuerromantik.

> Die Wanderroute Harzer Hexenstieg (Südroute) von Osterode bis Thale führt auch durch Hasselfelde Richtung Köhlerei Stemberghaus. www.hexenstieg.de

EIN KORN TROTZT ALLEN WECHSELFÄLLEN DES LEBENS

Nordhausen – Traditionsbrennerei

50

Wie viele Körner Roggen passen in eine Flasche Korn? Die Versuche laufen noch, sicher ist nur: Es müssen rund 25.000 Roggenkörner gemahlen, vermaischt, gegärt, destilliert und drei Monate oder in anderen Fällen drei Jahre im Eichenfass gereift werden, um so viel Schnaps herzustellen, dass damit eine 0,7-Liter-Flasche gefüllt werden kann. Der Rundgang durch die 500 Jahre Tradition mitten in Nordhausen in Thüringen ist lehrreich. Gut, die meisten kommen ohnehin nur, um zu verkosten. Da haben sich die Kornbrenner dem Zeitgeschmack angepasst und eine erstaunliche Palette geschaffen. Rosen- und Ingwerlikör, Kakao-Nuss-Likör, Dry Gin, Doppelkümmel oder Feiner Alter Doppelkorn gehören dazu.

Und der hat tatsächlich Tradition: Schon kurz nach der Entdeckung Amerikas hielt der Nordhäuser Stadtschreiber »gebranntes Wasser« in seinen Büchern fest. Das war 1507 – zu Lebzeiten Martin Luthers ein paar Kilometer weiter. Schon Ende des 16. Jahrhunderts war die Kornbrennerei in Nordhausen die wichtigste Einnahmequelle. 1726 existierten 70 Brennereien. 1789 wurde hier das Reinheitsgebot für Kornbrand eingeführt. Auch zur DDR-Zeit liefen die Destillen auf Hochtouren. Seit 2007 gehört das schmucke Ensemble den Rotkäppchen-Mumm Sektkellereien in Freyburg an der Unstrut.

Es ist erstaunlich, wie sich über fünf Jahrhunderte das Können, Hochprozentiges herzustellen, verfeinert hat und niemals zum Erliegen gekommen ist. Unabhängig von allen wirtschaftlichen Nöten, gesellschaftlichen Wechselwinden und weltanschaulichen Unterschieden ist offenbar die Schnapsherstellung unantastbar. Für die Kleinstadt mit ihren 42.000 Einwohnern am Südrand des Harzes mit ihren fruchtbaren Äckern der Goldenen Aue, wo der Roggen wächst, ist das ein Segen. »Vom Korn zum Korn« lautet das Motto, das in den Mauern der Destille einen wundervollen Rahmen findet.

 Ein ansprechender Stadtrundgang entlang der erhaltenen Stadtmauer ist ausgeschildert, er beginnt an der Himmelsleiter oberhalb des St.-Jakob-Hauses.

DANKBAR, DASS DAS VORBEI IST
Nordhausen – Mittelbau-Dora

Der blaue Himmel und die grünen Bäume täuschen Idylle vor. In den weitläufigen Außenanlagen des ehemaligen Konzentrationslagers Mittelbau-Dora bei Nordhausen stehen Bänke. Hier zu sitzen, kann entspannen oder anstrengen. In jedem Fall kommen Gedanken, wie in den Stollen vor mehr als 70 Jahren die weltweit ersten Großraketen, die sogenannten Vergeltungswaffen V1 und V2, sowie Flugzeugmotoren hergestellt wurden. Selbst das klingt harmlos, denn in Wirklichkeit waren aus fast allen Ländern Europas 60.000 Häftlinge zur Zwangsarbeit eingesperrt. Etwa ein Drittel davon starb an den unmenschlichen Bedingungen. Das Drama begann im Spätsommer 1943, als die Raketenproduktion in Peenemünde auf der Ostseeinsel Usedom zerstört worden war und nun in einem auf 20 Kilometer erweiterten Stollensystem im Südharz weitergehen sollte. Der Zweite Weltkrieg war für Deutschland da bereits verloren. Die V2 wurde zur einzigen Waffe der Welt, bei deren Produktion mehr Menschen ums Leben kamen als durch den Einsatz.

Vögel zwitschern. Der Blick auf den grünen Berg und einen verschlossenen Stolleneingang lassen aufatmen. Vorbei ist das Grauen, aber nicht vergessen. Die moderne Gedenkstätte, der kurze Weg durch einen Stollen und die Relikte der Außenanlagen schnüren die Gedanken zu einem belastenden Urteil. Dieser Ort erinnert mich eindrücklich an diesen barbarischen Abschnitt der deutschen Geschichte. Ich atme tief durch.

Jean Améry, der österreichische Schriftsteller und Widerstandskämpfer, war hier inhaftiert. Auch Heinz Galinski, der spätere Präsident des Zentralrates der Juden in Deutschland, musste im Konzentrationslager Mittelbau-Dora schuften. Ich betrachte mir einen Eisenbahnwaggon auf einem Stück Schiene – Symbol für den Transport der Häftlinge. Mich erfasst im Moment das Gefühl tiefer Dankbarkeit dafür, hier heute friedlich sitzen zu können.

AM TAG, ALS DIE SIGNALFICHTE FIEL
Drei Annen-Hohne

52

Das schnaufende Stahlross legt eine Pause ein. Die Brockenbahn zweigt an diesem Bahnhof in Drei Annen-Hohne von der Harzquerbahn ab. Es geht hinauf zum höchsten Harzgipfel. Oft halten mehrere Züge gleichzeitig. Dabei ist der Ort, der heute zum neun Kilometer entfernten Wernigerode gehört, nie viel mehr als eine Wegegabelung gewesen. Doch es war eine bedeutende, denn noch bevor Graf Christian Friedrich zu Stolberg-Wernigerode 1778 die Regentschaft über die Grafschaft Wernigerode übernahm, erwarb er genau hier zwei Kuxe. Das sind Bodenrechte an einem Bergwerk. Abgebaut wurde fast nichts, jedenfalls brachten die Versuche, Kupfer und Silber zu finden, keinen Erfolg. Geblieben ist allerdings der Name, denn der Graf hatte eine Mutter namens Anna, und er taufte seine Tochter ebenfalls auf den Namen (und gab ihr 1770 zur Geburt auch einen Kux). Da auch seine Nichte Anna hieß, war das Dreigestirn aus Annen voll. Drei Annen sind also drei Frauenvornamen und nicht etwa drei Tannen, denen das T verloren ging.

Der Zusatz entstand, weil das Forsthaus an den nahen Hohneklippen Forsthaus Hohne heißt. Dort befindet sich heute das Natur-Erlebniszentrum HohneHof im Nationalpark Harz – ein idealer Ort für Kinder. Vom Parkplatz in Drei Annen-Hohne sind es nur 15 Minuten zu Fuß bis dort. Zum 707 Meter hohen Hohnekopf wird es allerdings etwas steiler. Und über die Hohneklippen führt nur ein kleiner Pfad. Mit seinen Lichtungen und Waldwiesen diente das Hohnegebiet lange als Weidegrund für Rinder. So wurden in den Annalen von 1667 insgesamt 112 Rinder aus zehn Orten erwähnt, die zwei vom Grafen angestellte Hirten den Sommer über hier hüteten.

Zurück zum Bahnhof, der schon seit 1898 existiert. Damals trug er den flotten Namen Signalfichte. 1901 legte ein böser Sturm die Signalfichte. Von da an hieß die Station Drei Annen-Hohne.

> Der Löwenzahn-Entdeckerpfad in Drei Annen-Hohne hat eine Hör-Eule, in der Tierstimmen zu vernehmen sind, sowie weitere Überraschungen. www.oberharz.de

An der Holzkirche lässt sich herrlich sinnieren – zum Beispiel über Goethe, der Elend in der Walpurgisnachtszene verewigte (Faust I).

HOLZKIRCHE ELEND /// 38875 ELEND ///
TOURIST-INFORMATION ELEND /// HAUPTSTRASSE 19 /// 38875 ELEND /// 03 94 55 / 3 75 /// WWW.OBERHARZINFO.DE ///

MIT SORGE VEREINT, VON GOETHE VEREWIGT
Elend – kleinste Holzkirche Deutschlands

53

Heute strahlt sie, die kleinste Holzkirche Deutschlands, ganz in Weiß. Sie kommt mit fünf mal elf Metern Fläche aus, hat 80 Sitzplätze und wird von zwei knorrigen Eichen umrahmt. Da zu sitzen, macht einem das Dörfchen Elend mit seinen rund 420 Einwohnern angenehm. Es liegt ja auch idyllisch am Rande des Nationalparks, aber trägt diesen abwertenden Namen. Es lag so dicht an der innerdeutschen Grenze, dass das Ministerium für Staatssicherheit der DDR, Bezirksverwaltung Magdeburg, hier nur hauptamtliche Mitarbeiter und ihre Familien zur Erholung vorließ. Reichlich beschenkt wird Elend mit Niederschlag – es sind fast 1.200 Millimeter pro Quadratmeter im Jahr. Das ist ein Spitzenwert in Deutschland. Als trockenster Monat gilt der September.

Sehenswert ist aber auch der kleine Bahnhof. Schon seit 1899 hält hier regelmäßig die Harzquerbahn auf dem Weg von Wernigerode nach Nordhausen. »Elend, hier Elend, bitte aussteigen!«, so klingt natürlich kein ermunternder Schaffnerruf. Das Gebäude aber sieht halbwegs schmuck aus, nur die Bahnhofsgaststätte ist im Elend untergegangen.

Die nächste Haltestelle liegt nur sechs Kilometer Luftlinie entfernt und heißt Sorge. Seit 2010 ist Elend sogar mit Sorge vereint, denn beide bilden zusammen mit anderen Gemeinden die Stadt Oberharz am Brocken. Doch ist in Sorge das Elend noch größer, was die Einwohnerzahl angeht – ganze 85 Menschen sind dort gemeldet. Nach Ansicht der Sorger geht ihr Ortsname auf das mittelhochdeutsche »Zarge« zurück, was Grenze heißt.

Ich sitze an der Holzkirche und denke an Goethe. Er brachte Elend sogar im Faust I unter – in der Walpurgisnachtszene. Faust und Mephistopheles ziehen von hier zum Brocken: »Im Labyrinth der Täler hinzuschleichen, dann diesen Felsen zu ersteigen, von dem der Quell sich ewig sprudelnd stürzt, das ist die Lust, die solche Pfade würzt!«

⌀ »Rocken am Brocken in Elend bei Sorge« ist ein Festival, das im Sommer auf einer Wiese gefeiert wird – drei Tage lang treten lautstarke Bands auf.

WER SICH AN DIE PRIESTERSTEINHÖHLE BEI BAD SACHSA SETZT, WARTET SICHER AUF FLEDERMÄUSE.

UMSCHLAGPLATZ FÜR GRENZWERTIGE GESCHICHTEN
Braunlage-Hohegeiß – Grenzimbiss

54

Dieser schwarz-rot-goldene Imbiss schlägt alles. Er ist kurios, patriotisch und voller Grenzfälle. Manche sagen, er bewege sich jenseits des guten Geschmacks. Der Wirt bewährt sich als ein Original in dem höchsten Harzdorf auf 642 Metern. Wer wollte hier nicht einmal einkehren? Draußen stehen Sitzbänke, sogar im Winter.

Der Grenzort mit dem steinernen Geißbock als Wappentier mitten im Dorf liegt zwischen Sorge und Zorge rund zehn Kilometer südlich von Braunlage. Im Wald findet sich ein »Nullpunkt«, denn hier begann 1864 die Vermessung der Straße nach Braunlage. 1963 wurde hier Helmut Kleinert beim Fluchtversuch aus der DDR erschossen. Ein Gedenkstein erinnert daran. Und wer hätte gedacht, dass der Komponist und Texter des Niedersachsenliedes hier geboren wurde: Herman Grote. Kostprobe? »Von der Weser bis zur Elbe, von dem Harz bis an das Meer stehen Niedersachsens Söhne, eine feste Burg und Wehr ...« Es wird noch heute gesungen und enthält das oft zitierte »sturmfest und erdverwachsen«.

Das Lied entstand zum Glück schon 1926, und vor dem Hohegeißer Heimatmuseum erinnert seit 2009 eine Bronzestatue an den 1971 gestorbenen Grote. Sein Namensvetter Stefan Grote ist Bürgermeister von Braunlage und somit auch von Hohegeiß. Dort wuchs er auf und liebt seine »Wiege der Kindheit«. Hohegeiß ist voller Geschichten. Noch eine? Fred Denger ist hier gestorben, das war 1983. Der Schauspieler und Schriftsteller schrieb Drehbücher unter anderem für Filme nach Drehbüchern von Karl May und Edgar Wallace. Seine Filmografie ist lang, die Zahl seiner Ehen auch, es waren zwölf. Der wegen Steuerhinterziehung verurteilte Waffenhändler Karlheinz Schreiber wuchs in Hohegeiß auf. Er war Sohn eines Polsterers. Ach, Hohegeiß ist ein Umschlagplatz für grenzwertige, aber oft sehr unterhaltsame Storys.

- Das Heimatmuseum Hohegeiß in der Alten Pfarre offenbart noch mehr Geschichten über den denkwürdigen Ort, Lange Straße 54. www.kulturoffensive-suedharz.de

DAS GRÜNE BAND ALS SINFONIE
Am Todesstreifen blühendes Leben

Erich Kästner hätte heute seine helle Freude am einstigen Todesstreifen von Nord nach Süd mitten durch den Harz. Der Dichter fragte einst rhetorisch: »Wer wagt es, sich den donnernden Zügen entgegenzustellen? Die kleinen Blumen zwischen den Eisenbahnschwellen.« Hier waren es eher die Lochbetonplatten auf dem Kolonnenweg, den die Grenzsoldaten nutzten. Die Pflanzen eroberten sich ihren Platz in jedem Frühjahr neu und wuchsen, so wild sie konnten. Wo Stacheldraht und Wachtürme die Teilung Deutschlands markierten, gab es weitgehend blühendes Leben. Im Schatten der Grenzanlagen konnte sich eine überwältigende Artenvielfalt entwickeln. Heute ist das Grüne Band Europas längstes Biotop, das sich auf fast 1.400 Kilometern entlang der einstigen deutsch-deutschen Grenze zieht. Es gleicht einer Sinfonie aus Fauna und Flora.

Ideal zum Entdecken ist der Harzer Grenzweg am Grünen Band. Er beginnt am Grenzturm Rhoden am Fallstein. Das liegt nördlich von Bad Harzburg. Über 91 Kilometer führt der Weg entlang der einstigen Grenze über den Brocken und endet am Grenzmuseum Tettenborn in Bad Sachsa. Mitten durch den Nationalpark Harz gehen die Wanderer und passieren zum Beispiel das liebliche Tal der Ecker, den Wurmberg oder die Südharzer Gipskarstlandschaft. Es gibt auch Kunstobjekte wie die »Auflösung Eiserner Vorhang« in Bad Sachsa oder den »Ring der Erinnerung« im Wald bei Sorge zu bewundern.

Wer hingegen nur eine Tagestour mit dem Fahrrad plant, kann das Grüne Band am besten von Ilsenburg aus erkunden. Die Rundroute von dort führt über 70 Kilometer bei wenigen Steigungen durchs nördliche Harzvorland und erreicht zunächst Vienenburg. Bei Börßum geht es nach Südosten über Hornburg und Osterwieck wieder nach Ilsenburg zurück.

Das gesamte Grüne Band quer durch Deutschland bietet rund 1.200 Tier- und Pflanzenarten, die auf der Roten Liste stehen, einen Rückzugsraum. Der Bund für Umwelt und Naturschutz verwendet Spenden dazu, weitere Flächen zu sichern. Es gibt Patenschaften, damit dieser Lebensraum dauerhaft geschützt werden kann. Intensive Landwirtschaft und Straßenbau gelten als Bedrohung. Oben auf dem Brocken gefährdete der Massenzustrom an Gästen die nur dort wachsende Brockenanemone. Sie wird bis zu 50 Zentimeter hoch und hat meist sechs ovale Blütenhüllblätter, die gelb oder weiß aussehen. Auch die Hochmoore sind dort oben wertvoll. Der Luchs und das Auerhuhn wurden wieder ausgewildert. Die Wildkatze ist stark gefährdet und hat im Oberharz noch ihre größte Verbreitung.

Der Nationalpark Harz, durch den sich das Grüne Band zieht, ist der größte Waldnationalpark in Deutschland. 2006 wurden der alte Nationalpark Harz in Niedersachsen und der Nationalpark Hochharz in Sachsen-Anhalt vereint. Er ist nun 247 Quadratkilometer groß, ihn prägen Granitklippen und glucksende Bergbächlein. Bode, Oder und Ilse entspringen hier. Der Natur wird auf 52 Prozent der Fläche schon freier Lauf gelassen. Diese Naturdynamikzone soll bis 2022 auf 75 Prozent wachsen. Die vorherrschende Baumart ist die Fichte, nur zwölf Prozent sind Buchen und sechs Prozent Eichen, Ebereschen und Birken zusammen.

Die Buchen im Südharz – allerdings außerhalb des Nationalparks – dienen ganz nebenbei einem besonderen Zweck. Sie werden zum Teil als »Lolliholz« geerntet. Da die Buche langsam und gleichmäßig wächst und vor allem nicht splittert, ist sie bei Eisfabrikanten als Holzstiel begehrt. Die glatten Flächen liegen gut im Mund. Nahe dem Kloster Walkenried werden Buchen für die Produktion dieser »Paddelstiele« gefällt. Da die großen Eismarken wieder mehr auf Holz statt Plastik setzen, ist ein Teil des Harzes also bald wieder in fast aller Munde. So birgt das Grüne Band so manche Überraschung am Wegesrand.

GROSSER HAI AN DER B 27 /// ETWA ZWEI KILOMETER ÖSTLICH VON BRAUNLAGE /// TOURIST-INFORMATION /// ELBINGERÖDER STRASSE 17 /// 38700 BRAUNLAGE /// 0 55 20 / 9 30 70 /// WWW.BRAUNLAGE.DE ///

GRENZE WAR GESTERN
Braunlage – Kleine Bremke

55

Die Schatten der Vergangenheit sind verschwunden, die Sackgasse ist keine mehr. Seit dem 12. November 1989 ist am Flüsschen Bremke zwischen Braunlage und Elend die deutsche Teilung überwunden. Die Bachmitte war 1945 die Grenze zwischen der britischen und der sowjetischen Besatzungszone. 1952 gab es erste Verkehrseinschränkungen, später Stacheldraht, verminten Doppelzaun und Selbstschussanlagen. Dieser aufgesägte Granitstein steht für Spaltung (unten) und Wiedervereinigung (oben). Unter »Deutschland 1989 wieder vereint« ist der Stacheldraht der Trennung zu sehen. Links wachsen zehn Eichenblätter, die Bundesländer im Westen, rechts fünf, die östlichen. »Die Kronen der Eichen werden zusammenwachsen«, ist auf einem Schild in Sichtweite zu lesen. Sicher ist nur: Eichen werden steinalt, haben also viel Zeit.

Die Kleine Bremke markierte schon früher die Grenze. Braunlage gehörte zum Fürstentum Blankenburg, das weiter östlich liegende Elend jedoch zum Amt Elbingerode, das bis 1932 zum Fürstentum Hannover im Westen zählte. Doch selbst im 18. Jahrhundert gab es an dieser Stelle keine Schranken oder Kontrollen. Nun existiert die Grenze nicht mehr. Wanderer sind auf dem Grünen Band (vorige Seite) unterwegs, machen hier Rast am Granitstein und plaudern über die Pflanzen am Wegesrand. An vielen Straßen im Harz stehen Schilder, die von der früheren Teilung und dem Durchbruch 1989 erzählen. Die Wiedervereinigung war ein Glücksfall, darüber ist man sich einig. Gäste merken meist nicht einmal, ob sie gerade im früheren West- oder Ostteil des Harzes unterwegs sind. In manchen Köpfen allerdings spielt das immer noch eine Rolle. Doch Steine wie dieser Granit an der Kleinen Bremke erinnern an die überwundene Teilung, und das ist einen Moment des Nachdenkens wert.

Abseits der Sommerpause von April bis Juli ist das Eisvergnügen auf Kufen im Eisstadion Braunlage einen Versuch wert. www.eisstadion-braunlage.de

LACHEN UND BREMSEN, DER KICK FÜR DEN ALLTAG
Braunlage – Wurmberg

56

Sich vom 971 Meter hohen Wurmberg in Braunlage auf breiten Reifen zu Tal zu bewegen, ist ein kleines Abenteuer. Es setzt Glückshormone frei. Es gibt den Kick für den Alltag. Unsere kleine Gruppe ist gespannt. Neben der Talstation werden die Roller ausgegeben, dann mit uns per Gondel zum Gipfel gebracht. Dank einer Einweisung wissen wir, was zu tun ist. Jetzt ist es Zeit, oben die Aussicht zu genießen – und den Blick auf die Strecke zwischen Wurzeln, Blättern und Steinen. Der Anfang ist recht steil, weshalb alle kräftig bremsen, nur Bernd nicht. Er überholt, lacht und rast über die Piste. Ulla schüttelt den behelmten Kopf. »So ein Rowdy!«, stöhnt sie.

Bernd holpert über eine Querrille, durch die Wasser fließt. Es knackt. »Das war nur ein Ast«, stellt Ulla fest, die jetzt aufgeholt hat. Zwar mag das Gefährt wegen der breiten Reifen »Monsterroller« heißen, aber nach den ersten paar Hundert Metern hat das Lenken nichts mehr von einem Monster. Er lässt sich nämlich butterweich durch Lenkbewegungen und Gewichtsverlagerung des Körpers steuern. 4,5 Kilometer Strecke und 411 Höhenmeter lauten die Koordinaten des Glücks. An der Mittelstation kehren wir kurz im Rodelhaus ein.

Abgasfrei, geräuscharm, naturnah sowie mit bestem Tal- und Waldblick wird das Trittbrettfahren zum Hochgenuss. Die Masten der Seilbahn sind zu sehen. Der kurvige Weg führt viel zu schnell zu Tal. »Ich möchte verlängern«, fordert Ulla. Bernd hat sich schon wieder unten angestellt und sitzt bald in der nächsten Gondel. Als er aber das zweite Mal unten ist, gibt er zu: »Ein bisschen merke ich schon, wie anstrengend das Ganze ist, die Hände haben vom Drücken der Bremsen etwas Muskelkater.« Ulla lacht. »Bei mir sind es die Lachmuskeln, wenn ich sehe, wie du fährst«, kreischt sie. Heute Nachmittag wollen wir wieder zum Gipfel, diesmal gehen aber alle zu Fuß hinab.

> Einkehren im Rodelhaus an der Mittelstation wird bei »Slow food« und anderen Speisen sowie mit Kinderspielplatz zum Genuss. www.das-rodelhaus.de

**WEITE UND LANGE RODELABFAHRTEN SANFT GENIESSEN –
DAFÜR STEHT DER HASSELKOPF AM SÜDRAND VON BRAUNLAGE.**

HASSELKOPF /// 38700 BRAUNLAGE ///

WEISSE BLÖSSE STATT NACKTRODELN
Braunlage – Hasselkopf

Wer vom Hasselkopf rodelt, hat Spaß an der Weite. Wenig stellt sich ihm in den Weg. Die verschneiten Wiesen machen Lust, von der 620 Meter hohen Kuppe südlich von Braunlage durch die Winterwelt zu gleiten. Fußgänger sind unterwegs, die ihre Schlitten hinter sich herziehen. Kinder johlen. Es ist eine fröhliche Veranstaltung. Skiloipen kreuzen den Weg. Dieses friedliche Bild gefällt mir. Es hat wenig von dem kreischenden Trubel, den es die vergangenen paar Winter gar nicht weit von hier gab: dem Nacktrodeln.

Dabei kamen Zehntausende von Besuchern, die bei dieser ungewöhnlichen Sportart Voyeur sein wollten. Wer nur mit Schuhen, Slip und Skihelm bekleidet auf seinem Schlitten sitzt, hat entweder Fieber oder ein hohes Geltungsbedürfnis. Von der Rathausskiwiese wurde das bundesweit einmalige Ereignis, angeblich wegen Schneemangels und aus Sicherheitsgründen, auf das Flughafengelände von Magdeburg-Cochstedt verlegt. Da an solchen Verkehrsknotenpunkten Berge selten sind, ließ der veranstaltende Radiosender eine sieben Meter hohe und 70 Meter lange Rampe aufstellen. Kunstschnee ersetzte Frau Holles Pracht. Auch Mister Germany ließ sich blicken. In Großbritannien wurde sogar für die »sexy snow party« geworben.

Am Hasselkopf ist die Lage dagegen ganz entspannt. Am Schlepplift hat sich eine Schlange von Wartenden gebildet. Nur zwei »Nackte« stehen dort, sie haben nur nackte Hände, weil sie ihre Handschuhe verloren haben. Die nackten Bäume ragen wie Silhouetten in den grauen Schneehimmel. Von weit hinten grüßt ein nackter Schneemann mit seiner blanken Karottennase und den Kohleaugen. Die unverhüllte Sonne schickt ein paar Strahlen über die weiße Blöße der Landschaft und lässt sie glitzern. Was für ein schöner Nachmittag! Was für eine angenehme Nacktheit!

Wie ein Oberförster Braunlage einst zum weithin begehrten Skiort machte, ist im Heimat- und Skimuseum zu erfahren. www.heimat-fis-skimuseum.de

LINKS ULL, RECHTS SKADI – UND DAZU KAISERWETTER
Braunlage – Kaiserweg

58

Im Winter ist es auf dem Kaiserweg am schönsten: Bei ein paar Minusgraden, strahlender Sonne und der gespurten Loipe vor den Skispitzen bin ich auf einem Abschnitt des 110 Kilometer langen Nord-Süd-Pfades unterwegs. Von der Kaiserpfalz in Goslar über Bad Harzburg führt der »Weg Deutscher Kaiser und Könige des Mittelalters im Harz« als Fernwanderweg über Molkenhaus und Königskrug bis hinab zum Kloster Walkenried und weiter durch die Goldene Aue ins Kyffhäusergebirge. Er berührt also drei Bundesländer und schafft es, die höchsten Höhen zu umgehen. Hier im und am Nationalpark westlich von Braunlage zwischen Königskrug und Kapellenfleck bin ich am liebsten. Die Langlaufskier gleiten wie von selbst – ein herrlicher Dezembertag.

Langsam komme ich in den Rhythmus. Das Links und Rechts der Bewegung gleicht einem schwingenden Tanz. Die Norweger, die schon vor Jahrtausenden diese Fortbewegungsart pflegten, suchten dazu sogar Hilfe bei zwei Göttern. Es waren Ull und Skadi. Ull war für Winter, Jagd, Zweikampf, Weide und Acker zuständig. Da passt es, dass ich gerade am Naturmythenpfad bei Braunlage vorbeifahre. Die Norweger trugen Ull-Abbilder als Talisman bei sich. Skadi hatte ein ähnliches Aufgabengebiet und könnte auch Namensgeberin von Skandinavien gewesen sein. Manche meinen, Skadi sei die Skigöttin gewesen, Ull der Skigott und beide ein Paar. Ich taufe meinen linken Ski Ull, den rechten Skadi und fühle mich sofort sicherer auf den Beinen.

Der Kaiserweg kreuzt die B 27 von Braunlage nach Oderhaus, ich schnalle ab. Bald geht es weiter durch die Wälder nach Süden. Was für ein Kaiserwetter! Alles passt. Loipen im Oberharz sind sehr reizvoll. Es gibt auch Rundkurse. Die Landschaft wechselt. Mal liegen die Spuren im Schnee in der Sonne, mal im Schatten, mal sind sie glatt, mal knirschen sie. Ich freue mich auf den nächsten Winter.

> Eine hilfreiche Übersicht zu den wichtigsten Loipen durch den winterlichen Oberharz findet sich unter www.oberharz.de/langlauf-harz.html

LETZTE FRAGEN MIT GENÜSSLICHEM SCHAUDER

Braunlage – Erlebnispfad Mythos Natur

(59)

Am Ende geht es um letzte Fragen bei diesem Naturmythenpfad im Nationalpark Harz. Zehn Stationen reihen sich auf, um unsere Beziehung zur Natur, unser Wissen darüber und unser Selbst zu erkunden. Diese hölzernen Stelen fordern zur mutigen Suche nach Antworten auf die Frage auf: Wer bin ich?

Dieser vier Kilometer lange Pfad westlich von Braunlage ist von den Landart-Künstlern Frank Nordiek und Wolfgang Buntrock aus Hannover gestaltet worden. Ihre Professionalität spürt der Gast schnell, denn rasch ist er vom Reiz der verborgenen Geheimnisse gefangen. Mythos Wasser: Tropfen aus dem Silberteich benetzen eine matte Glasoberfläche, die plötzlich Libellenlarven sichtbar werden lässt. Eine Station weiter kommt die Herausforderung. »Mythos Vogel« lädt zum Fliegen ein – fast jedenfalls, denn eine Schaukel steht bereit. Ich schaukele sanft, dann kräftiger und schon zerren Schwer- und Fliehkraft an mir. Der Bach im Tal ist nah. Ich habe das Gefühl, mich zieht es für Sekunden in die Höhe zum freien Schweben, dann aber ist der Endpunkt erreicht. Ich schaukele wieder zurück. Alexander von Humboldt stellte fest: »Die Natur muss gefühlt werden, wer sie nur sieht und abstrahiert, … wird … ihr selbst ewig fremd sein.«

Am Wunschbaum kann ich leere Schieferplatten mit meinen größten Wünschen beschriften. Ich muss nur den Mut finden, sie zu äußern. Gefallen hat mir auch die Station mit hölzernen Erzählsesseln. Die Gäste nehmen rund um eine Kreisfläche Platz und sitzen sich im Stuhlkreis gegenüber. Auf dem Boden steht ein »Es war einmal …« und schon wird drauflos geplaudert, bis jemand auf das »und wenn sie nicht gestorben sind …« zeigt. Dann ist der Nächste dran. Neben der Überwindung, Neues zu wagen und Altes neu zu bewerten, warten auf dem Pfad viele kleine Mutproben auf ihre Erfüllung. Ein wohliger Genuss, der eine bleibende Erinnerung auslöst.

 Wer mehr über die Kunst erfahren möchte, verschiedene Objekte aus der Natur zu Kunst zu formen, wird beim Atelier Landart fündig: www.landart.de

KREUZGANG MIT MUSIK
Walkenried – Kloster und ZisterzienserMuseum

(60)

Kreuzgangkonzerte – die sollten Sie gehört haben! Das Staatsorchester Braunschweig spielt auf. Es wurde 1587 gegründet und gehört zu den ältesten der Welt. In dieser Umgebung des ehemaligen Klosters ist die Atmosphäre ideal. Das Erlebnis werden Sie nie vergessen. Das Kloster Walkenried war immer schon ein besonderer Ort. Im frühen 13. Jahrhundert saßen die Mönche der Zisterzienser beisammen und überlegten, wie sie mit einem System von Wassergräben und -teichen ihre Wasserräder betreiben konnten. Die wiederum setzten später die Pumpen und Förderkörbe der Berg- und Hüttenwerke in Bewegung. Fast drei Jahrhunderte waren die Mönche bedeutende Bergherren im Harz. Heute ist das Ganze Teil des Weltkulturerbes Oberharzer Wasserwirtschaft.

Wer heute durch das frühere Kloster streift, stößt auf eines der modernsten Museen Europas zum Mittelalter. Vom vollständig erhaltenen Klausurgebäude des 13. Jahrhunderts führt die Zeitreise über die verschiedenen Klostermodelle, die sehr anschaulich die Abhängigkeit zur jeweiligen wirtschaftlichen Lage zeigen, bis zum Einblick in die Tagesrhythmen der Mönche. Kinder nehmen spielerisch leicht die Angebote an den Stationen des Museums wahr. »Einmal pro Woche aßen sie Fisch«, erzählt die achtjährige Sonja. Sie hat den Kinder-Audio-Guide-Knopf im Ohr. Die Kloster-Rallye findet sie toll. Eine besondere Atmosphäre herrscht auch im September beim Klostermarkt. Dann erfüllen Käse- und Knoblauchstangenduft den Vorplatz, werden 200 Bleche selbstgebackener Kuchen in kürzester Zeit verkauft und es spielen die Südharzer Bläser auf.

Ach so – sollten die Konzerte im Kreuzgang schon ausverkauft sein, eine Führung bei Kerzenschein im Winter oder zu Ostern bei der Nacht der Offenen Pforte mit Lesung und Musik im Kapitelsaal sowie gregorianischem Gesang ist auch höchst romantisch.

> Zur Erfrischung dient das Freibad Waldbad Priorteich Walkenried mit Liegewiese, Sandstrand und Sprungbrett. www.walkenried-tourismus.de

HERRLICH – EINFACH LAUFEN LASSEN, ABER ACHTSAM BLEIBEN. DIE KLEINE MÖNCHSRUNDE IST EINE VON 74 ROUTEN IN DREI SCHWIERIGKEITSGRADEN FÜR MOUNTAINBIKER, DIE ZUR VOLKSBANK ARENA HARZ GEHÖREN.

WALD NÖRDLICH WALKENRIED ///
WWW.HARZINFO.DE/ERLEBNISSE/MOUNTAINBIKEN.HTML ///

HIMMLISCH – DA GEHT EINE NONNE!
Walkenried – Kleine Mönchsrunde

61

»Da, eine Nonne – dann muss dies der Jakobsweg sein!«, ruft Hans, einer aus unserer kleinen Gruppe aus Mountainbike-Anfängern. Wir sind auf dem Weg zu einem Radabenteuer. Es heißt Fahren auf engen Trails, wobei diese Tour nur ein leichter Einstieg ist. Mountainbiken im Harz kann Schwerstarbeit für die Waden werden – bei den Steigungen. Doch dieses ist die »Kleine Mönchsrunde« oberhalb von Walkenried im Südharz. Auf dem 15 Kilometer langen Rundkurs hätten wir daher einen Mönch vermutet – vielleicht vom Kloster Walkenried. Nun steht die wandernde Nonne vor uns. Sie ist vergnügt und hat sich zu einer Rast auf eine Bank gesetzt. »Ist doch himmlisch hier«, schwärmt die Frau und lächelt. »Nur der Jakobsweg ist das hier nicht.«

Vielleicht ihr persönlicher Jakobsweg? »Nein, auch das nicht«, meint sie. Sie komme von Duderstadt und wolle einfach die Natur genießen. Wir radeln fröhlich weiter. Die Anstiege werden steiler, die Ersten langsamer. Da zeigt sich: Einer der Männer ist gedopt. Jedenfalls peitscht er sich zu Rock-Klängen die folgende lange Strecke hoch. Das können die anderen aus seinen Ohrstöpseln hören, so laut ist seine Musikdusche. »Ich stelle auf Zufallsauswahl«, sagt der trainierte Radler, »dann habe ich mal Klassik, mal Pop und Rock.« Die anderen lassen sich dagegen vom Plätschern des Flusses und den Vogelstimmen berauschen. Die hell- und dunkelgrünen Wälder mit dem Lichtspiel der Sonne und der nach Kiefernharz duftenden Luft geben eine perfekte Kulisse ab. Da Mut meistens belohnt wird, schließt sich an den steilen Aufstieg nun die lange Talfahrt an. Unsere Gruppe bleibt aber konzentriert, denn Wurzeln oder Steine auf dem Weg sind nicht selten. Marion, die einzige Mountainbikerin heute, beklagt: »Frauen sind viel zu selten dabei.« Wo jetzt wohl die Nonne ist?

> Touren mit allen wichtigen Angaben, Schwierigkeitsgrad und Höhenprofil sowie alle Harzer Bikeparks unter:
> www.volksbank-arena-harz.de

DER GIPS LÄSST SICH MIT DER HAND BRECHEN.

NEUHOF /// OBERER KRANICHTEICH /// 37441 BAD SACHSA ///
WWW.KARSTWANDERWEG.DE ///

TOURIST-INFORMATION /// AM KURPARK 6 /// 37441 BAD SACHSA ///
0 55 23 / 47 49 90 /// WWW.BAD-SACHSA.DE ///

ORCHIDEEN UND FLEDERMÄUSE WARTEN SCHON

Neuhof – Karstwanderweg

(62)

Ein Schild mit einem weißen K auf rotem Grund zeigt dem Wanderer: Hier ist er richtig. Durch drei Bundesländer zieht sich der rund 230 Kilometer lange Karstwanderweg. Unsere Wandergruppe steht in Neuhof bei Bad Sachsa am nachgebauten Gipsbrennofen. »Einmal im Jahr schichten wir darin Buchenholz und Gipsgestein auf und produzieren bei 1.000 Grad aschehaltige Gipssteine«, erläutert ein Mineraloge aus Bad Sachsa, der uns begleitet. »Wir sind hier im ehemaligen Gipsabbaugebiet, das meiste ist renaturiert«, fügt er hinzu.

Der mehr als 100 Kilometer lange Gipsgürtel im Südharz ist einmalig in Deutschland. Während in der Schwäbischen und Fränkischen Alb der Karst aus Kalk und Dolomit besteht, tritt im Südharz Calciumsulfat an die Oberfläche, also das mineralische Gestein Gips. Er ist ungefähr hundertmal leichter löslich als Kalk. »Zwei Gramm Gips lösen sich pro Liter Wasser«, erklärt der Mineraloge. Die Schmelzwässer der letzten Eiszeit haben den Südharz ausgespült. Zehntausende von Hohlformen und mehr als 200 Höhlen sind entstanden.

Es ist eine Freude, hier zu wandern und die bizarren weißen Flächen anzuschauen, die teils grün überwuchert sind. Mit etwas Glück begegnet man der Karstkönigin und ihren beiden Prinzessinnen. Sie kommen aus je einem der drei beteiligten Landkreise Osterode in Niedersachsen, Nordhausen in Thüringen und Mansfeld-Südharz in Sachsen-Anhalt. Nur leider hat die Königin kein Schloss. »Nein, das brauche ich nicht«, sagte eine, die schon abdankte, »eine Vollzeitstelle wäre mir lieber.«

An der Priestersteinhöhle nebenan steht eine Holzbank. Wer sich da hinsetzt, kann oft Fledermäuse sehen. Das Bittere Kreuzblümchen, das hier wächst, steht sogar auf der Roten Liste. Knabenkraut und blauer Fransenenzian blühen. Und dann die großen Orchideen – der Karst liefert alles, was den Wuchs dieser Pflanzen beflügelt.

> Bad Sachsa bietet geführte Heilklimawanderungen durch das gesamte Karstgebiet im Südharz an, Auskunft erteilt die Tourist-Information.

DIE EULE MIT DEM SCHELMISCHEN LÄCHELN
Wieda – Holzkunst mit der Motorsäge

Samstag das Eichhörnchen, Sonntag die Eule – das war mein Plan. Das Schnitzabenteuer auf der Schnitzwiese in Wieda beginnt. Die Einführung war schnell und gut. Holzkunstmeister Michael Damm hat die Arbeit mit der Motorsäge erklärt. »Es ist ein Zweihandgerät und macht etwas Lärm«, lautete seine Warnung. Wir tragen Ohrenschützer, eine grüne Schutzhose und Handschuhe. Zum Üben haben wir leichtes Fichtenholz. Unsere späteren Tierobjekte sind aus Lärche oder Eiche. »Das ist am haltbarsten«, betont Damm.

Monika setzt die Säge an. Sie hat ein paar Striche auf das Rundholz gezogen, damit daraus auch ein Eichhörnchen wird. Jürgen schaut und sägt. »Adler und Wildschweine kann ich auswendig«, sagt Meister Damm und sägt voran. Wir haben Modelle neben unseren Baumteilen stehen. Gucken, schnitzen, gucken, schnitzen – bis das Tier aus dem Holz herausschaut. Es will freigelegt werden. Ich muss es schon vor mir sehen und ihm den Holzmantel wegfräsen. Abends gibt es Grillgut am Lagerfeuer. Die Gruppe ist zufrieden, nur mein Eichhörnchen gleicht eher einer Ratte. Das ist natürlich Ansichtssache. Erstaunt sind alle, wie leicht und schnell sich beim Carving ein Baumstumpf verändern lässt. »Moderner Motorsport«, trötet Jürgen. Monika formte das schönste Eichhörnchen. Sie hatte sofort ein Gefühl für Säge und Holz, konnte feinste Linien erzeugen und bewies einen Blick für die Proportionen.

Jetzt zur Eule: Am Sonntag steht frisches Holz da. Alles ist vorgezeichnet. Das Eulen-Modell von Meister Damm strahlt. Körper und Kopf sind auch bei meinem Baumstumpf schon bald zu erkennen. Ein Ohr allerdings büßt meine Eule ein. Abgerutscht. Dafür hält sie ein Auge geschlossen und hat einen bübischen Gesichtsausdruck mit schelmischem Lächeln. Beifall in der Runde. Es gibt noch viel Holz im Harz, woraus eine Skulptur werden könnte.

> Holzskulpturen des Künstlers in vielen Formen und Varianten lassen sich im »Lädchen am Kurpark« anschauen und kaufen (Braunlage, Am Graben 3).

AN EINEM BEWEGLICHEN MODELL DER FAHRKUNST,
DIE HIER ERFUNDEN WURDE, VERDEUTLICHT JOCHEN KLÄHN
DAS PRINZIP DES TRITTBRETTFAHRENS.

BERGWERKSMUSEUM GRUBE SAMSON /// AM SAMSON 2 ///
37444 SANKT ANDREASBERG /// 0 55 82 / 12 49 ///
WWW.KANARIENVOGEL-MUSEUM.DE/GRUBE/DE/FRAMES/TEXT.HTML ///

500-MAL SCHNELLER SEITSCHRITT
Sankt Andreasberg – Grube Samson 64

Der Steiger kommt nicht, er muss springen. Das ist der Preis für eine schnelle Ein- oder Ausfahrt in die 840 Meter tiefe Grube Samson in Sankt Andreasberg. Fahrkunst nennt sich die bahnbrechende Erfindung an vier senkrechten Stangen, die in den Schacht hinabführen und sich ständig jeweils etwa zwei Meter auf und ab bewegen. In gewissen Abständen sind waagerechte Bretter an den Stangen befestigt. Darauf standen die Steiger und wechselten immer dann zur Seite, wenn sich die Bretter auf derselben Höhe befanden. 1833 wurde die Technik für Trittbrettfahrer im Schacht eingebaut. Sie verbreitete sich weltweit, ist aber nur noch hier in Betrieb.

Wasser trieb die Fahrkunst an: Es lief auf ein Wasserrad mit zwölf Metern Durchmesser, von dem eine Stange zu einer Art Wippe geführt wurde. An ihr waren die langen Stangen befestigt, die in den Schacht führten. Die Wippe sorgte dafür, dass sich im Wechsel ein Stangenpaar hob, das andere senkte. Ein bewegliches Modell im Museum der Grube Samson verdeutlicht, wie die bahnbrechende Erfindung funktioniert. Die Grube Samson gehört seit 2010 als Teil der historischen Oberharzer Wasserwirtschaft zum Weltkulturerbe der UNESCO. Von 1521 bis 1910 war sie in Betrieb, damals eine der tiefsten der Welt und wegen des Silberabbaus sehr wertvoll.

Warum war es für den Steiger einfach und gefährlich zugleich, sich dieser Fahrkunst zu bedienen? Er musste im passenden Moment von einem Brett auf das neben ihm umsteigen, hatte dazu etwa eine Sekunde Zeit und musste, um unten oder oben anzukommen, rund 500-mal diesen Seitschritt wagen. Ein Tritt daneben hätte in dem dunklen Schacht allerdings eine heftige Verletzung bedeutet. Auch heute noch fahren Männer ein und aus, denn in 130 und 190 Metern Tiefe befinden sich zwei Kavernenkraftwerke. Wasser aus dem Oderteich erzeugt Strom und versorgt fast ganz Sankt Andreasberg damit.

> Rund zwei Kilometer nördlich von Sankt Andreasberg liegt das Rehberger Grabenhaus. Das Waldlokal mit Museum bietet regionale Kost. www.rehberger-grabenhaus.de

»RURURU«, »LÜLÜLÜ« UND »DUDUDU«
Sankt Andreasberg – Harzer-Roller-Kanarien-Museum

65

Schon lange bevor 1891 in Wien die Operette »Der Vogelhändler« uraufgeführt wurde, war Sankt Andreasberg das Mekka dieser Zunft. In dem kleinen Harzort züchteten damals rund 350 Familien die gelben Kanarienvögel und bauten unentwegt Holzkäfige für deren Transport. Die Vogelhändler luden sie sich auf Tragegestelle und legten mit der piepsenden Fracht weite Wege zurück. Sie gingen bis Hamburg oder Bremen, von wo die Vögel in Schiffen nach Nord- und Südamerika exportiert wurden – bis zu 120.000 im Jahr. Auch andere Länder wurden versorgt. In St. Petersburg bestand eine Verkaufszentrale nur für »Harzer Roller«.

Sie wurden so genannt, weil sie einen rollenden Gesang anstimmten. Die vier Strophen begannen mit »Rururu«, fielen in ein tiefes »Krruuurru«, um dann als Hohlklingel in ein fröhliches »Lülülü« oder »Lololo« zu wechseln. Dann folgten weiche Einzeltöne mit »Dududu«. Das machte sie zum Verkaufsschlager, denn die üblichen Kanarienvögel pfiffen nur. »Das war so schrill, das konnte niemand aushalten«, erläutert Jochen Klähn. Er hat das Kanarienmuseum liebevoll aufgebaut und hält eine Tradition lebendig, die verblüfft. Neben dem Bundesverdienstkreuz erhielt er auch den Harzer Naturparkpreis 2015.

Beim Rundgang zeigt Klähn auf eine Walze mit Nägeln und Klanglippen. »Diese Serinette habe ich von Rügen geholt«, sagt er stolz. Sie spielte Lieder zum Üben für kleine Kanarienvögel. »In vier Wochen hatten die das drauf«, lobt Klähn die Lernkurve der »Harzer Roller«. Wanderarbeiter hatten die Kanarengirlitze um 1730 als Haustiere in den Oberharz mitgebracht.

Neben dem schönen Gesang boten die Vögel noch einen Vorteil: Bergleute nahmen sie mit unter Tage, denn sie reagieren sehr früh auf gefährliches Kohlenmonoxid in der Atemluft. Schon nach 2,5 Minuten mit etwa 0,3 Prozent Kohlenmonoxid in der Luft rutscht der Vogel bewusstlos von der Stange: ein deutliches Warnsignal.

- **Blick in die Sterne** – die 2014 eröffnete Sternwarte im Ort bietet dazu alles und ist sogar barrierefrei. www.sternwarte-sankt-andreasberg.de

ALLES ANDERE ALS LANG-LAUF
Sankt Andreasberg – Skigebiet Matthias-Schmidt-Berg （66）

Für alle, die noch nie auf Skiern standen, ist dies der Berg. Er heißt Matthias Schmidt, ist 663 Meter hoch und bietet das Fünf-Minuten-Glück. Länger wird es selbst für den auch nur etwas versierten Anfänger nach noch so vielen Schwüngen und Bögen kaum dauern, bis die 140 Meter Höhendifferenz vom Ausstieg aus dem Sessel- oder Schlepplift oben bis zur Ankunft an der Talstation zusammengeschmolzen sind. Doch ich übe ja erst. Stolze sechs Skipisten mit zusammen 3,2 Kilometern Länge stehen zur Auswahl. Schon seit 1948 gleiten hier Skifahrer südöstlich von Sankt Andreasberg die Hänge hinab.

Dabei werden sie meist mit einem grandiosen Ausblick auf die Bergbaustadt, ihre Häuschen, Hänge und Höhen belohnt. Mich erinnert die kurze Abfahrt an den Olymp auf der Sonneninsel Zypern. Auch dort ist der Schnee knapp wie hier, aber er beschert sogar der Sonneninsel ein schier unglaubliches Wintersportvergnügen. Dort sind die Hänge allerdings mit den klangvollen Namen Aphrodite, Hermes und Hera benannt. Das ist hier leider nicht so, doch geht es am Matthias-Schmidt-Berg auch im Sommer göttlich zu. Dann nämlich hat die 550 Meter lange Sommerrodelbahn geöffnet. Der Mountainbike-Downhill-Parcours mit fünf Strecken lockt ebenfalls Mutige. Oben sind Hindernisse, eine kleine Holzburg und eine lange Bretterrampe aufgebaut. Die Sesselbahnsitze sind mit Fahrradhaltern nachgerüstet, sodass die Mountainbiker leichtes Spiel haben und sich ganz auf die Sprünge und Abfahrten konzentrieren können.

Doch jetzt liegt Schnee. Ich bin oben angekommen. Der Skilehrer zeigt mir, wie es geht. Ich gleite im Schneepflug ein Stück den Hang hinab, stoppe immer wieder, damit es nicht so schnell geht, und richte den Blick auf die anderen Berge. Was für eine liebliche Bilderbuchlandschaft – und vor allem nicht überlaufen, viel Platz für Anfänger. Ein Geheimtipp.

- Der gelbe Glockenturm ist das Wahrzeichen der Stadt und liegt nur einen Spaziergang weit entfernt auf dem Glockenberg. Auskunft bei der Tourist-Information.

WARTEN AUF GODOT, DEN PLATZHIRSCH
Bruchberg im Nationalpark

Heute Abend geht es auf die Pirsch: Was für ein Abenteuer! Ein Ranger vom Nationalpark Harz führt unsere kleine Gruppe vom Treffpunkt Sonnenberg an der Harz-Hochstraße hinauf in den Wald. Nach einer halben Stunde erreichen wir eine Art Gatter mit Holzbänken, die Dämmerung setzt ein. Jetzt heißt es Warten und Schweigen. Die Hirsche sind so scheu, als gehörten sie alle zu den Rehen. Gut, wer sich warm und regensicher angezogen und eine Thermoskanne mit Tee dabei hat. Ende September kann es in den Abendstunden schon empfindlich kalt werden.

Der Nationalpark-Ranger hat uns auf dem Weg hierher mit reichlich Futter über die Details der Brunft und Vermehrung dieser Gattung versorgt. Der Bruchberg im Nationalpark ist das Revier der röhrenden Rothirsche. Noch schweigen sie wie wir. Eine Stunde ist vergangen. Spaßeshalber taufe ich zwei Mitstreiter in unserer Gruppe auf Estragon und Wladimir. Das sind im Theaterstück von Samuel Beckett die beiden, die vergeblich auf einen gewissen Godot warten. In meinem Stück ist das jetzt der unbekannte König der Wälder. Die Bühne hat er bisher nicht betreten. Verflixt!

Es beginnt zu regnen. Die ersten gehen. Der Ranger gestikuliert Verständnis und nickt anerkennend den Bleibenden zu. Plötzlich setzt das Röhren ein. Es kommt aus mehreren Kehlen. Schweigend drehen wir unsere Köpfe seitlich, um besser lauschen zu können. Der Ranger flüstert etwas von 200 Metern und zeigt die Zahl Fünf. Da er jeden Abend hier ist, wird er wissen, wie weit die Rothirsche im Gehölz des Bruchberges heute entfernt sind. Er kann sogar einzelne an den Stimmen wiedererkennen, wie er später behauptet. Das ist schon ein grandioses Konzert mit heiserem Muhen und stoßweise tiefem Brummen. Estragon und Wladimir sind auch noch da und lächeln. Ich nicke komplizenhaft zurück. Godot hat bestimmt einen weit verzweigten Kopfschmuck.

> Sicher zu sehen sind Hirsche an der Wildtier-Beobachtungsstation im Nationalpark am Molkenhaus bei Bad Harzburg von Mai bis Oktober, im September und Oktober nur bei geführten Touren der Ranger.

Durch ein Guckloch im Bismarckturm fällt der Blick auf das Lokal, die Terrasse und die bewaldeten Hügel Richtung Westen.

Waldgaststätte Bismarckturm /// 37431 Bad Lauterberg /// 05524/80661 /// www.bismarckturmbadlauterberg.de ///

EIN VIERZEHNENDER WAR GERADE ZU GAST
Bad Lauterberg – Bismarckturm

68

Die Baude am Bismarckturm oberhalb von Bad Lauterberg ist etwas für Tierfreunde. Baudenwirt Heiner, der mit seiner Frau Anne hier oben die Baude mit dem Weitblick zu allen Seiten führt, hat oft Tiere im Visier. Um die Beine streichen Katzen, aber das meinen die beiden nicht. »Ein Vierzehnender war gestern Abend ein paar Hundert Meter von hier zu sehen«, schwärmt Anne. Neben Hirschen, die selbst im Strahl der Taschenlampe des Baudenwirts nicht nervös werden, sind Rehe zu erleben. Füchse springen durchs Unterholz. »Auch Luchse gibt es hier«, erzählt Heiner Scharfe. Doch gesehen hat er bislang nur die Fährten der vor Jahren im Harz ausgewilderten Katzen. Am besten sind die Fußabdrücke bei Neuschnee zu erkennen.

Von der Terrasse aus fällt der Blick hinab vom 536 Meter hohen Berg auf Bad Lauterberg. Rechts erhebt sich der 422 Meter hohe Hausberg. Hinten im Dunst sind die Bleichroder Berge zu erkennen. Ein malerischer Anblick zum Träumen. Noch eindrucksvollere Weitblicke sind oben vom Bismarckturm möglich. Die enge Treppe in dem steinernen Gebäude führt zu einer Plattform. Der Oderstausee breitet sich malerisch in nordöstlicher Richtung aus. Der Kurort im Süden ist noch besser zu sehen.

Zurück in der Baude – jetzt zeigt der Wirt noch eine Besonderheit: Gehstöcke. Er baut selbst welche, aber 32 exotische Exemplare schmücken den Kamin in der Baude. »Ich habe sie mir aus aller Welt mitgebracht«, erläutert er stolz. Sie zeigen höchst eigenwillige Köpfe, verraten etwas von den Sitten etwa in Thailand, Singapur oder Kenia. Andere kommen aus Bali, von den Cook-Inseln oder Sulawesi. »Da in Indonesien gibt es gar keine Wanderstöcke«, fängt der weitgereiste Wirt an zu erzählen, »aber ich habe ihn mir von einem einheimischen Tischler schnitzen lassen.« Auch Tiermotive zieren die Gehstöcke – ein Ort für Tierfreunde.

> Der Baudensteig führt auf sechs Etappen durch den Südharz. Die dritte geht von Sieber nach Bad Lauterberg und führt zum Bismarckturm. www.baudensteig.de

DA HABEN WIR DEN SALAT
Bad Lauterberg – Wildkräuterküche

Zu den Abenteuern im Alltag gehört das Pflücken der passenden Kräuter aus der Natur, um sich davon schmackhaft und gesund zu ernähren. Während frühere Generationen damit aufwuchsen, sind die heutigen meist nicht so naturnah groß geworden. Schlecht sind die Kenntnisse über Wildkräuter, groß aber ist der Hunger auf Kräuterwanderungen. Sie werden im Harz an vielen Stellen angeboten. Botaniker erläutern, was essbar ist, zupfen hier, knicken da etwas ab und stecken es in den Mund. »Die beherrschen ihr Metier«, denke ich dann nur. »Die Schere nicht vergessen!«, ruft der Mann mir schon bei der Anmeldung zu. Damit werden die Kräuter ihrem Lebensraum entnommen.

Bei Elke Schnibbe in Bad Lauterberg geht das so: Sie lädt zum Ausflug in die Natur, denn sie weiß, wo der Waldmeister wächst. Gundermann, Gänsefingerkraut und Knoblauchsrauke schneiden wir ebenfalls. Um die Geschmacksnerven zu sensibilisieren, kann jeder sofort bei einem kleinen Picknick probieren. Für das Vier-Gänge-Wildkräuter-Menü, das nach der Pflückrunde zubereitet und mit Wein in Gartenatmosphäre verkostet wird, hat die Köchin dann außer den Kräutern noch die passenden Beilagen sowie Fisch und Fleisch. Es wird eine vitamin- und mineralstoffreiche Mahlzeit. Was Schnibbe serviert, gehört zu »Typisch Harz«, der Regionalmarke.

Lecker: Giersch schmeckt so salzhaltig wie Spinat und so würzig wie Petersilie. Das Abenteuer besteht aber darin, ihn beim Sammeln nicht mit dem giftigen Gefleckten Schierling oder dem Breitblättrigen Merk zu verwechseln, der den Magen heftig verstimmen kann. Doch Giersch im Pesto oder als Extrakt in der »Wildkräuter-Limo« ist ein Genuss. Da ich noch weit davon entfernt bin, ein Kräuterexperte wie Miraculix, der Druide, zu werden, vertraue ich lieber auf kenntnisreiche Begleiter. Für mich sind immerhin Löwenzahn und Brennnessel gut zu erkennen.

- Wildkräuterführungen mit Picknick und anschließend dem Herstellen eines Wildkräuter-Desserts werden in Bad Harzburg angeboten. www.sinau-harz.de

WENN SICH DER AUSBLICK ESSEN LIESSE …
Bad Lauterberg – Hausberg (70)

Zwei große Körbe stehen oben auf der Terrasse der Berggaststätte Hausberg hoch über Bad Lauterberg. Es sind Körbe, wie sie Ballonfahrer nutzen. Wer drinsteht, hat einen herrlichen Blick hinunter auf die Stadt, die grünen Mischwälder, den Kirch- und den Kummelberg. Starten in den Himmel kann mit den geflochtenen Körben niemand mehr, aber das ist auch nicht notwendig. Von der Dachterrasse hinabzuschauen, das allein ist schon himmlisch.

Etwas höher geht es dennoch. Der Restaurantchef zeigt stolz das rustikal ausgebaute Turmzimmer des Hauses. 1183 bis 1415 stand hier oben die mächtige Burg Lutterberg und verfiel dann. Vor rund 100 Jahren bauten eifrige Handwerker auf die Ruinen eine Gaststätte. »Und die haben wir vollständig renoviert«, freut sich der Wirt.

Im Turmzimmer liegen schon Herzen in der Fensterbank. Aber auch beim Blick hinab in das Tal öffnen sich die Herzen. Die Anreise ist luftig: Ganzjährig startet in der Schulstraße nahe dem Heimatmuseum in Bad Lauterberg der Sessellift. In wenigen Minuten ist der Gast oben. Mit 63 Prozent Steigung gehört die Doppelsesselbahn zu den steilsten in Deutschland.

»Die Luft ist hier oben einmalig«, lobt ein Wanderer den 296 Meter hohen Hausberg. Dann setzen er und seine Frau sich erst einmal auf einen der Panoramaplätze. Das sind eigentlich ganz normale Sitzplätze, aber mit bester Aussicht. Dann wird die »Hexenplatte« bestellt – mit vielen Wurstsorten, Harzer Käse, Schmalz, Brot, Salat und Gurken. »Und der Schierker Feuerstein darf nicht fehlen, bitte schön«, sagt die Servierin, als sie den Schnaps hinstellt.

Gerade ist wieder großes Kino: Der Wind hat ein paar Schäfchenwolken unter den blauen Himmel getrieben und die Sonne strahlt. Da fällt dem Wanderpaar ein: »Wir nehmen noch Marillenknödel mit Vanillesoße und Schokoladeneis.« Es klingt so, als wollten sie die Aussicht essen.

Harzer Whisky wird in Zorge gebrannt, anzusehen in der Hammerschmiede, auch Kräuterliköre verlassen die Fabrik. www.hammerschmiede-spirituosen.de

FRÜHERE GRENZE ZWISCHEN BOCKELNHAGEN (THÜRINGEN) UND BARTOLFELDE (NIEDERSACHSEN) /// HVE EICHSFELD TOURISTIK E. V. /// ROSSMARKT 3 /// 37339 LEINEFELDE-WORBIS /// 03 60 74 / 62 16 50 /// WWW.EICHSFELD.DE ///

AUCH DIE »MAUS« WAR MAL ZU GAST
Bockelnhagen – Wachturm

So ein B-Turm – »B« steht für Beobachtung – erinnert an die DDR. Sie bestand rund 41 Jahre lang, und Relikte wie diesen Turm, der heute einem ehemaligen Westbürger im Harz gehört, gibt es wenige. Nach der Grenzöffnung 1989 wurden die meisten Beobachtungstürme an der einstigen Demarkationslinie abgerissen. Doch sie erinnern an ein Stück deutscher Geschichte. Sie anzuschauen, hat etwas Friedfertiges, denn wir sehen etwas, was die Zeit weggespült hat. Hätte es nicht Hunderte Tote an der etwa 1.400 Kilometer langen Grenze gegeben und wären nicht Menschen zum Schießen auf andere angehalten worden, fast könnte man solche Wachtürme als Kuriosum einer Sackgasse der Vergangenheit abtun. Vier bis fünf Soldaten waren als Alarmgruppe in der gläsernen Kanzel, schauten hinaus oder in Dienstbücher und Karten, notierten die Kennzeichen der Fahrzeuge vom Bundesgrenzschutz und versuchten oft vergeblich, die Elektroheizung zu starten. Eine verschließbare, luftdichte Stahlblechluke führte zur Dachterrasse, wo sich ein Suchscheinwerfer befand. Er war oft mit einer Fernbedienung verbunden. Wenn sie funktionierte, konnte der ostdeutsche Grenzer die starke Leuchte um 360 Grad drehen und um bis zu 90 Grad nach oben oder unten bewegen. Der heutige Besitzer erzählt, dass sich sogar mal das Team der »Sendung mit der Maus« hier im Turm bei ihm tummelte, um über die Grenzanlagen zu berichten.

Von dem Turm bei Bockelnhagen aus lassen sich leichte Spaziergänge unternehmen. Der thüringische Ort, 1143 erstmals in Urkunden verzeichnet, gehört zur Gemeinde Sonnenstein und hat kaum mehr als 410 Bewohner. Dieser Grenzturm hat sein Äußeres weitgehend erhalten und am Eingang noch ein Relikt zu bieten – eine DDR-Grenzsäule. Sie erinnert ebenso an vergangene Zeiten. Dieser Turm hat den Staat überlebt, der ihn schuf.

> Mehr Anschauungsmaterial liefert das rund neun Kilometer entfernte Grenzland-Museum Bad Sachsa im Ortsteil Tettenborn (Richtung Neuhof). www.gm-badsachsa.de

HAUPTSTRASSE BEI KARNEVAL /// 37345 SONNENSTEIN ///
GEMEINDE WEISSENBORN-LÜDERODE /// BAHNHOFSTRASSE 12 ///
37345 SONNENSTEIN /// 03 60 72 / 83 10 ///
WWW.GEMEINDE-SONNENSTEIN.DE ///

KURZE RÖCKE, WARMER SCHAL
Weißenborn-Lüderode – Hauptstraße bei Karneval

Der kleine Ort im thüringischen Eichsfeld hat kaum 1.400 Einwohner. Doch Karneval wird groß gefeiert. Mitte Februar ziehen Funkenmariechen durch den Ort, der zur Landgemeinde Sonnenstein gehört. Die Sonne scheint heute auch. Der Himmel strahlt hellblau. Festwagen mit stampfender Musik und lustigen Pappnasen vervollständigen das Bild einer fröhlichen Gemeinschaft. Kamellen landen auf dem Asphalt. Kinder bücken sich. Es ist etwas rheinische Fröhlichkeit dabei, obwohl die Temperaturen von zehn Grad das gerade zu unterdrücken versuchen.

Ein Flammenschwert täte jetzt gut, wie es im Wappen des Dorfes zu sehen ist. Es gehört dem Erzengel Michael, der das nahe gelegene Benediktinerkloster Gerode schützte. Es prägte früher die Entwicklung der Ortschaft. Heute treffen sich dort Menschen, die ein paar Tage abschalten wollen. Seminare werden angeboten. Fröhliche Entschleunigung zwischen Gärten und Buddhafiguren entlastet die Seele.

Gerade fährt der nächste Karnevalswagen vorbei. Johlende Weißenborner winken. Die roten Wangen der Feiernden haben zumindest jetzt noch mit der Kälte zu tun. Einige tanzende Mädchen tragen zwar kurze Röcke, aber einen dicken Schal um den Hals. Andere haben sich mit lockigen schwarzen Perücken geschmückt, tragen Sonnenbrille und Tröte als Insignien von Coolness. Bunte Röcke, weite Umhänge, regenbogenfarbiger Kopfschmuck, geschminkte Gesichter und rhythmische Körperbewegungen begleiten den Umzug am Sonntag vor Fastnacht. Zeitgleich ziehen in rund 20 anderen Gemeinden Thüringens Karnevalisten durch die Gassen. Dies hier ist der nördliche Zipfel des närrischen Treibens in Thüringen, das sogar einen Landesverband der Karnevalsvereine hat. Bevor die Fastenzeit beginnt, feiert Weißenborn-Lüderode noch einmal ausgelassen. Und da der Ort einmal zum Kurstaat Mainz gehörte, heißt es auch hier: »Helau.«

> Entspannung, Meditation und Yoga werden im ehemaligen Benediktinerkloster Gerode angeboten – Stille und Freude sind garantiert. www.wegdermitte.de

VERKEHRSVEREIN SIEBER IM HARZ /// WELLBEEK 16 ///
37412 HERZBERG-SIEBER /// 0 55 85 / 4 88 ///
WWW.SIEBER-HARZ.DE ///

EINFACH URSPRÜNGLICH
Sieber – Siebertal (73)

Das Paradies liegt im Siebertal. Es ist sogar ausgeschildert – auf halbem Weg zwischen den Orten Sieber und Herzberg. Der Fluss Sieber zeigt sich hier besonders idyllisch, plätschert an Buchen und Kiefern vorbei und hinterlässt beim Wanderer das Gefühl fröhlicher Abgeschiedenheit. Als einziges Großtal im Westharz hat es keine Talsperre, obwohl die auch hier einmal geplant war. So hat sich dieses Tal seine Ursprünglichkeit bewahrt. Hier erfüllt das Naturschutzgebiet alle Kriterien bestens.

Der 35 Kilometer lange Fluss entspringt etwa einen Kilometer südlich der Wolfswarte auf 920 Metern im Oberharzer Nationalpark bei Altenau. Das Siebertal präsentiert sich als gewundenes Kerbtal, das sich in die Hochfläche des Harzes eingefräst hat. Das Dorf Sieber hat weniger als 500 Bewohner und hatte sich einst dem Bergbau verschrieben. Waldarbeiter und Holzschleifer lebten hier. Schon um 1900 kamen Kurgäste. Das milde Reizklima liefert noch heute die Berechtigung, das Tal als »Oase der Ruhe« zu preisen. Der Naturerlebnispfad im Dorf Sieber ist ein idealer Einstieg. Zehn Stationen vom Holzstapelspiel über den Balancierbalken bis zum Waldxylofon oder dem Geocaching fordern die Geschicklichkeit und Kombinationsgabe heraus. Ein besonderes Erlebnis ist der Barfußpfad. Die besten Fotos aber lassen sich an der überdimensionierten Ruhebank am Hang schießen. Das ist Station zwei. Acht Kilometer ist der Pfad lang. Der Flusslehrpfad an der Sieber entlang der Promenade im Harz ergänzt das Erlebnis. Kinder toben sich auf dem Abenteuerspielplatz aus.

Wer dann genug von Sieber gesehen hat, kann weiterwandern. Ideal sind der Baudensteig und der Hexenstieg. Doch ist das Paradies sozusagen das Zentrum für 50 ausgeschilderte Wanderwege rings um Sieber. Wer die 250 Kilometer erwandert hat, ist dem Himmel ziemlich nah.

> Ein Abstecher zur Bergbaude Hanskühnenburg auf 811 Metern liegt nahe. Schon Goethe legte dort Rast ein – im Sommer 1784. www.hanskuehnenburg-im-harz.de

SYMBOL FÜR DAS GUTE – GIBT ES DAS WIRKLICH?
Herzberg – Einhornhöhle

Ob im Pergamonmuseum in Berlin oder im Kloster Einsiedeln in der Schweiz – das Einhorn ist oft einer der Hauptdarsteller. Es ist das edelste aller Fabeltiere, Symbol für das Gute. Theaterstücke, Filme, Musiktitel, viele sind diesem eigenartigen Tier gewidmet, das es gar nicht gibt. Oder doch? Vor der Einhornhöhle im Wald bei Herzberg steht ein Original, geschaffen vom örtlichen Künstler Dieter Utermöhlen im September 2008. »La Unukornula«, wie es hier heißt, soll es sich in der rund 270 Millionen Jahre alten Höhle gemütlich gemacht haben. In den großen Hallen und Domen sowie den flachen Gängen sollen auch Höhlenbären und Neandertaler gewohnt haben. Wer das Glück hat, den nationalen Geotop bei einer Taschenlampenführung anzuschauen, kann sich vor fantasiesteigernden Einblicken mit Licht und Schatten kaum retten. Das vielbesungene Fabeltier kann nicht mehr weit sein.

Mir fällt Rainer Maria Rilke ein. Er dichtete die »Sonette an Orpheus«: »O dieses ist das Tier, das es nicht gibt. / Sie wußten's nicht und habens jeden Falls / – sein Wandeln, seine Haltung, seinen Hals / bis in des stilles Blickes Licht – geliebt.«

Das edelste aller Fabeltiere lockte aus dem nahen Hannover das Universalgenie Gottfried Wilhelm Leibniz in die Höhle. Er kam 1685, sammelte Knochen und fertigte eine Zeichnung an. Sechs Jahre später setzte sich Leibniz an sein Werk »Protogaea« (Vorwelt). Darin glänzte er mit seinem Wissen als Höhlenkundler und ist damit einer der Begründer der Paläontologie. Die Wissenschaft von Lebewesen vergangener Erdzeitalter beruht in ihren Anfängen auf seinen Darstellungen von Fossilien. Leibniz vermutete, es seien Versteinerungen früherer Organismen. Damit lag er richtig, doch das war damals keinesfalls bewiesen. Sein Werk wurde erst 1759 veröffentlicht, 43 Jahre nach seinem Tod. Das Einhorn allerdings hat niemals gelebt.

- Buchen, verbuchen, abbuchen – und Buchenholz: Wortspiele sind auf dem Baumartenpfad vom Parkplatz zur Einhornhöhle Teil der unterhaltsamen Beschreibungen.

HECHT UND BARSCH – WO SEID IHR?

Osterode – Angeln mit dem Könner

75

»Es ist hier mindestens so schön wie in Schweden«, sagt Uwe Breyer und wirft seine Angel aus. Wald, Seen, Felsen, Schilf – die Bilder aus seinem Urlaub in Skandinavien gleichen diesen vom Südharz. Der Freizeitfischer aus Osterode geht abends am liebsten mit seiner Rute zum Vorbecken des Sösestausees. Hecht und Barsch warten schon. Breyer lächelt vor Vorfreude, wenn er den Korkgriff seiner 2,70 Meter langen Spinnrute in der Hand hält. Mit Tasche, Ködern, Gummistiefeln und Hut ausgerüstet, zieht er los. Heute bin ich dabei. Werden sie beißen? Das ist die Frage.

Breyer, der seit 35 Jahren angelt und das Hobby schon von seinem Vater übernommen hat, ist ein mobiler Angler. Wir legen etliche Kilometer am Ufer zurück. Hecht oder Barsch halten sich offenbar zurück, sooft Breyer die Angel auswirft. Ich darf auch. »Ich habe Spaß am Beobachten, an der Natur, den Jahreszeiten und natürlich den Fischen«, erläutert Breyer seinen Freizeitsport.

Jetzt sehe ich, wie er einen anderen Köder auspackt, der einem angefressenen Fisch ähnelt. »Den ziehe ich übers Wasser, und der Hecht wird verrückt, wenn er das sieht«, beschreibt er den Vorgang und sein Ruckeln an der Angelschnur. Nur leider guckt wieder kein Hecht. Breyer wirft erneut die Fischattrappe in den See. Geduld haben – das gehört dazu. Dabei hat er sich noch ein Hobby im Hobby zugelegt: Er baut Fliegen. So heißen die Köder aus Vogelfedern, Fell oder Kunststoff, die bunt aussehen und vom Fliegenfischer dicht an der Wasseroberfläche entlanggezogen werden. »Ich erbinde mir meine Träume«, erzählt Breyer von seinen Trophäen. Die schönsten sind einfach zu schade für den nassen Einsatz. Sie schmücken die Vitrine zu Hause. Die spezielle Wurftechnik hat Breyer schon früh erlernt. »Ein Genuss«, schwärmt der Angler. Meinen Genuss habe ich dann heute im Fischrestaurant. Petri Heil!

 Wo geangelt werden darf, erläutert der Angelverein Osterode, Berechtigungsscheine gibt es im Angelsportgeschäft Bohnhorst, Osterode-Karzenstein. Tel. 0 55 22 / 8 23 36

ANFAHRT: VON CLAUSTHAL-ZELLERFELD ÜBER DIE B 241 NACH SÜDEN BIS FORSTAMT BUNTENBOCK, DANN LINKS ÜBER ALTE FUHRHERRENSTRASSE, MITTELWEG UND AN DER TRIFT BIS ZUM PARKPLATZ. LINKS ZWEIGT DER WEG AM ZIEGENBERG AB. ER FÜHRT ZUM BÄRENBRUCHER TEICH.

BUNTENBOCK /// AM ZIEGENBERG /// 38678 CLAUSTHAL-ZELLERFELD ///

IM RHYTHMUS DER SCHRITTE, IM TAKT DER NATUR
Buntenbock – Bärenbrucher Teich

Beim Skilanglauf ohne Schnee fühle ich mich wohl. Das Nordic Walking mögen manche als »Stockentenrennen« verhöhnen, mir gefällt es. Es ist ein Ausdauertraining für alle möglichen Muskeln, Herz und Kreislauf kommen in Gang, meine Verspannungen lösen sich und ich kann gut durchatmen. Von Buntenbock aus nehme ich eine 8,5 Kilometer lange Strecke, die in der Nähe des Wasserwerks beginnt und um den Ziegenberg führt. Rechter Fuß und linker Arm, dann linker Fuß vor, dazu den rechten Arm. Es geht über Waldwege und den Bärenbrucher Teich herum. Dann im weiten Bogen durch die Langen Brüche bis zum Mühlenberg. Da biegen wir links ab Richtung Pixhaier Mühle. Sie wirbt mit »Ein Paradies für Mensch und Tier«, was ich mir anders vorgestellt hatte, aber es gibt durchgehend Kaiserschmarrn, Sauerfleisch und Brote.

Heute aber lege ich keine Rast ein, denn ich finde meine Körperspannung beim Nordic Walking, meine aufrechte Haltung und vor allem meinen fast lautlosen Stockeinsatz gerade vorbildlich. Ein Kaiserschmarrn würde mich nur aus dem Takt bringen. Wanderer auf dem Harzer Hexenstieg, die in Osterode gestartet sind und über den Brocken nach Thale wollen, lächeln zufrieden. Sie erzählen, dass 2012 auf der Strecke ein Ultramarathon von 216 Kilometern ausgetragen wurde. Das lässt uns alle zusammen mit Kopfschütteln und einem Lachen zurück. Mit den fünf Etappen des rund 100 Kilometer langen Hexenstiegs haben die Wanderer schon genug. Mir reichen heute die 8,5 Kilometer. Ich kehre zum Forstweg zurück und komme am Ziegenberger Teich vorbei. Diese Wasserspeicher gehören zum Weltkulturerbe, denn sie sind Teil des Oberharzer Wasserregals. Ich spüre meine Muskeln, bald bin ich am Ausgangspunkt. Ich lasse die Arme sinken und bin froh. Eine herrliche Runde liegt hinter mir.

Einkehren und Übernachten ist in der Pixhaier Mühle gut möglich (www.pixhaier-muehle.de), sie liegt am Harzer Hexenstieg und bietet regionale Kost.

DIE MUTTER EUROPAS LEBTE IM SÜDHARZ
Herzberg – Welfenschloss

Diese Tapete lässt einen sentimental werden. Sie befindet sich im Schloss Herzberg. Hoch über der Kleinstadt am Südrand des Harzes erstreckt es sich malerisch als Fachwerkensemble mit einem Uhrenturm und Zierschnitzereien der Spätrenaissance.

Auf der Kopie der Wandtapete von 1650 im Museum ist nicht irgendeine Jagdszene abgebildet, nein, sie ist eine lebensgroße Erinnerung der Söhne an ihre Mutter, die Herzogin Anna Eleonore (1601 – 1659). Nach dem Tod ihres Mannes 1641, des welfischen Herzogs Georg von Calenberg, lebte sie hier allein. Oft hat sie sich die so naturgetreu gemalten Details der Familientapete angesehen. Da lässt in einer Szene ihr Sohn Christian Ludwig einen Falken steigen. Darunter trompeten die Soldaten. Ergreifende Details gibt es viele. Anna Eleonore war so etwas wie die Mutter Europas, der Harzort Herzberg die Wiege vieler europäischer Königshäuser.

Die Geschichte ist schnell erzählt: Anna Eleonore, von der im Schloss Herzberg leider nur ein Miniaturbildnis hängt, hatte vier Söhne und vier Töchter. Sophie Amalia, hier im Schloss geboren, heiratete als »gute Partie« den dänischen König Friedrich III. Annas Sohn Christian Ludwig, der mit dem Falken auf der Tapete, ließ nicht nur den reich verzierten Uhrenturm auf Schloss Herzberg bauen, er regierte auch Calenberg südlich von Hannover. Der kräftige schwarzhaarige Sohn Georg Wilhelm schließlich residierte mit barocker Pracht in Celle. Und Sohn Ernst August, ebenfalls im Schloss geboren, erlangte 1692 die Kurwürde für das Fürstentum Hannover. Dessen ältester Sohn, der Georg Ludwig hieß, bestieg 1714 als Georg I. den englischen Thron – Tusch!

Heute stellen sich Menschen digitale Bilderrahmen auf, in denen ihre Lieben vorbeiziehen. Damals ließ man sich eine Tapete malen. Und die lebt bis heute fort.

> Im Welfenschloss sind ein Nachdruck des Evangeliars Heinrichs des Löwen, der Münzfund von Scharzfeld und 1.000 Jahre Harzgeschichte in Miniaturen zu sehen.

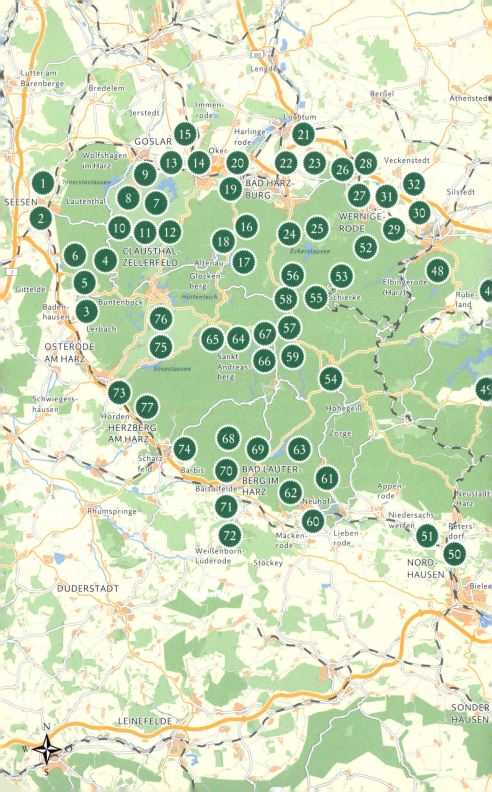

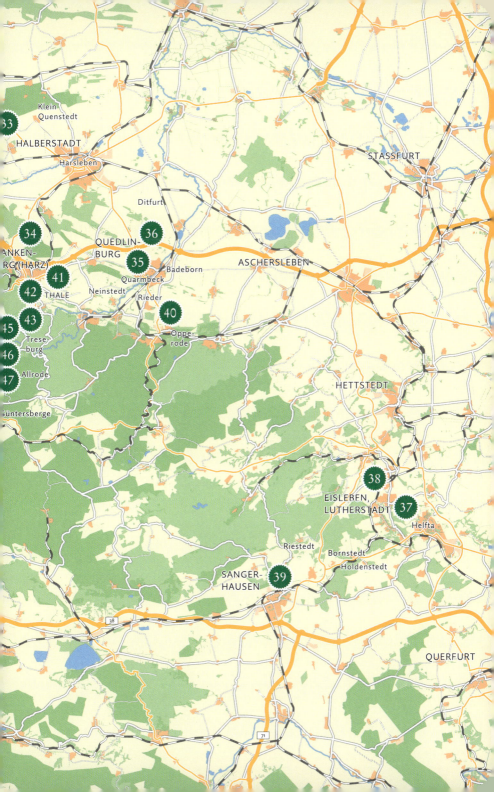

ORTS- UND PERSONENREGISTER

Albertturm (Iberg) 27
Altenau 49, 51, 53
Bad Frankenhausen 105
Bad Grund 19, 21, 25, 27
Bad Harzburg 59, 61, 63
Bad Lauterberg 167, 169, 171
Bad Sachsa 155
Bärenbrucher Teich (Buntenbock) 183
Baumanns- und Hermannshöhle (Rübeland) 123
Baumwipfelpfad Bad Harzburg 22, 61
Bismarckturm Bad Lauterberg 167
Blankenburg 91
Bockelnhagen 173
Bocksbergbob Goslar-Hahnenklee 33
Bodetal 111, 113
Braunlage 137, 141–149
Brocken 69, 72, 131
Bruchberg 165
Buntenbock 183
Busch, Wilhelm (Dichter) 15
Clausthal-Zellerfeld 35, 37, 39
Cranach, Lucas, der Ältere (Maler) 100
DDR Museum Thale 109
Drei Annen-Hohne 81, 131
Drübeck 79
Einhornhöhle Herzberg 179
Eisleben (Lutherstadt) 99, 103
Elend (Ortsteil von Oberharz) 133
Erlebnispfad Mythos Natur Braunlage 149
Europa-Rosarium Sangerhausen 105
Fahrkunst 35, 159
Féligonde, Ghislaine de (Rose) 105
Geosammlung Clausthal-Zellerfeld 35
Goethe, Johann Wolfgang von (Dichter) 72, 133
Goslar 29, 31, 33, 41, 45, 47
Grube Samson 23, 159
Grünes Band 138
Gustav-Adolf-Stabkirche (Goslar-Hahnenklee) 29
Harzer Hexenstieg 115, 125, 183
Harzer Holzkunst (Wieda) 157
Harzer-Roller-Kanarien-Museum (Sankt Andreasberg) 161
Harzköhlerei Stemberghaus 121
Harzquerbahn 77, 81
Hasselfelde 121, 125
Hasselkopf (Braunlage) 145
Hasserode 77
Herzberg 179, 185
HöhlenErlebnisZentrum (Bad Grund) 21
Hübichenstein 25
Iberg 21
Ilsenburg 75
Kleine Bremke 141
Kleine Mönchsrunde (Walkenried) 153
Kräuterpark Altenau 53
Leibniz, Gottfried Wilhelm (Universalgelehrter) 179
Lichtensteinhöhle (Bad Grund) 21

Luchsgehege (Bad Harzburg) 63
Luftfahrtmuseum Wernigerode 83
Luther, Martin (Reformator) 23, 99, 100, 103
Marienwand (Okertal) 57
Marktkirche (Goslar) 45
Matthias-Schmidt-Berg (Sankt Andreasberg) 163
Mechtshausen 15
Megazipline (Rappbodestausee) 117
Miniaturpark Wernigerode 87
Mittelbau-Dora (KZ) 129
Mönchehaus Museum (Goslar) 47
Mythenweg (Thale) 111
Nationalpark Harz 63, 65, 69, 131, 138-139, 149, 165
Neuhof 155
Nordhausen 127, 129
Oberharzer Bergwerksmuseum (Clausthal) 35
Oberharzer Wasserwirtschaft 31, 159
Oderstausee 167
Okerstausee 49, 51
Okertal 55, 57
Osterode 181
Pullman City (Hasselfelde) 125
Quedlinburg 93, 95, 107
Rammelsberg (Goslar) 41, 87
Rappbodestausee 115, 117
Ravensklippen (Altenau-Schulenberg) 51
Regenstein (Blankenburg) 91
Romkerhaller Wasserfall 55, 57

Rübeland 123
Sangerhausen 105
Sankt Andreasberg 159, 161, 163
Seesen 15, 17
Sieber 177
Sösestausee 181
Steinerne Renne (Hasserode) 77
Steinway, William (Klavierbauer) 17
Striegelhaus (Goslar-Hahnenklee) 31
Ströbeck 23, 89
Thale 72, 109, 111, 113, 115
Torfhaus 65
Traditionsbrennerei Nordhausen 127
TU-Hauptgebäude (Clausthal-Zellerfeld) 37
Uhrenmuseum Bad Grund 19
UNESCO-Welterbe 41 – 42, 89, 93, 99, 159
Wachturm (Bockelnhagen) 173
Walkenried 151, 153
Wallrunning (Wendefurth) 119
Weißenborn-Lüderode 175
Welfenschloss (Herzberg) 185
Weltwald (Bad Grund) 25
Wendefurth 119
Wernigerode 81 – 87
Westerntor (Wernigerode) 85
Wieda 157
Wildkräuterküche (Bad Lauterberg) 169
Wurmberg (Braunlage) 143

KNUT DIERS
Wer mordet schon auf Sylt?

978-3-8392-1863-1 (Paperback)
978-3-8392-4983-3 (pdf)
978-3-8392-4982-6 (epub)

»Tiefen und Untiefen auf Sylt deckt Henry Hansen gnadenlos auf – spannend, friesisch-klar und höchst amüsant.«

Chefermittler Henry Hansen hat Feingespür, eine robuste Fragetechnik und setzt auf das Feuerwerk an Hinweisen seiner kecken Kolleginnen. Den garstigen Polizeioberrat Dr. Sattler aus Kiel im Nacken und die elf Sylter Tatorte – von den Lister Austernbänken über den Inselzirkus in Wenningstedt bis zum Tod beim Biikebrennen – vor Augen, führt Kommissar Hansen Sie in die Tiefen und Untiefen der beliebten Insel. Mörderische Spannung und eine heimliche Liebesgeschichte mit einem Schuss Champagner wirken sofort.

KNUT DIERS
Ostfriesland –
Tiefsee, Torf und Tee
....
978-3-8392-1901-0 (Paperback)
978-3-8392-5053-2 (pdf)
978-3-8392-5052-5 (epub)

»Reif für die Insel!«

Teemischungen, Ostfriesenwitze und Otto – diese Exportgüter kennt man aus Ostfriesland, dem Nordwestzipfel Deutschlands mit seinen sieben Inseln. Doch nur wenige wissen, dass dort eine der kleinsten Sprachinseln Deutschlands liegt oder dass dort die meisten Orgeln pro Quadratkilometer weltweit zu finden sind. Knut Diers porträtiert seine Lieblingsplätze auf den Inseln und auf dem Festland Ostfrieslands und hat mit friesischen Originalen gesprochen – Menschen, die es so nur dort geben kann.

WWW.GMEINER-VERLAG.DE
Mensch, Kultur, Region

Unsere Lieblingsplätze 2016

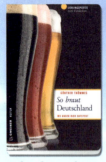
978-3-8392-1873-0

978-3-8392-1898-3

978-3-8392-1899-0

978-3-8392-1867-9

978-3-8392-1870-9

978-3-8392-1869-3

978-3-8392-1875-4

978-3-8392-1874-7

978-3-8392-1871-6

978-3-8392-1872-3

978-3-8392-1283-7

978-3-8392-1901-0